D1664904

Enomiya · Zazen und Exerzitien

Hugo M. Enomiya-Lassalle

Zazen und die Exerzitien des heiligen Ignatius

Einübung in das wahre Dasein

Verlag J. P. Bachem in Köln

1975
© J. P. Bachem Verlag GmbH, Köln
Satz: Cotygrafo GmbH, Köln
Druck: W. Gottschalk & Söhne GmbH, Köln
Einbandentwurf: Herbert Meyer, Köln
Printed in Germany
ISBN 3–7616–0265–0

Inhalt

Einleitung

Schon C. G. Jung hat gesagt, daß es außer den Exerzitien des heiligen Ignatius von Loyola in der christlichen Spiritualität keine Methode gebe, die man als solche mit Yoga oder Zen vergleichen könnte. Er hat selbst in einem Kurs diese Übungen auch aus Erfahrung kennengelernt. Andererseits hat er auch für die Meditationsmethoden der östlichen Religionen großes Interesse gehabt. Neben vielen anderen Veröffentlichungen auf diesem Gebiet ist die von ihm verfaßte Einleitung zu D. T. Suzuki's ›Die große Befreiung‹ weithin bekannt. Es gibt gewiß viele christliche Meditationsmethoden. Aber man hat bisher im christlichen Bereich keine Methode entwickelt, die, auch die natürlichen Fähigkeiten des Menschen voll ausnützend, Schritt für Schritt zur höchsten Vollkommenheit und sogar zur mystischen Erfahrung führt oder wenigstens versucht, das zu tun.

Die Frage nach dem Verhältnis der ›Geistlichen Übungen‹ zum Zen ist neuerdings noch von anderer Seite gestellt worden. Diesmal sind es nicht die Psychiater, sondern Priester und Laien, die diese Übungen geben bzw. zur Vertiefung ihres religiösen Lebens daran teilnehmen. Aber auch abgesehen von den Fachleuten auf beiden Seiten drängt sich die Frage von der kritischen Lage her auf, die sich mehr und mehr in der christlichen Spiritualität fühlbar macht. Während nämlich Methoden wie das Zen sich in schnellem Tempo in christlichen Ländern ausbreiten, ist die Zahl jener, die sich von den Exerzitien angezogen fühlen, stark zurückgegangen. In allerletzter Zeit ist freilich eine Rückbesinnung zu verzeichnen. Aber das Ergebnis ist bisher im Vergleich zu den beständig weitere Kreise ziehenden östlichen Methoden immer noch verschwindend klein. Das ist um so mehr zu verwundern, als diese Übungen, nachdem sie einmal durch die Söhne des heiligen Ignatius eingeführt waren, von einer großen Zahl von Männern und Frauen aus allen Schichten der christlichen Bevölkerung, angefangen von den Intellektuellen bis zu den Vertretern aller Berufe, Studenten und Fabrikarbeiter eingeschlossen, gefragt wurden. Freilich wurden die Exerzitien dabei nicht immer mit jener Strenge und Intensität, wie es von Ignatius gefordert wurde, gegeben bzw. gemacht. Auf diesen Punkt kommen wir später noch zurück. – Jedenfalls waren sie mit demselben Geist erfüllt und haben in dieser popularisierten Form große Massen angezogen. Bezeichnend ist gegenwärtig die Tatsache, daß nicht wenige jener eifrigen Christen, die früher Exerzitien machten, es nun vorziehen, an Zenkursen teilzunehmen, obwohl diese nicht christlichen Ursprungs sind. Aus diesem Grunde wird heute oft gefragt, ob es eine Beziehung zwischen beiden gebe, und wenn ja, worin diese Beziehung bestehe und ob sich beide Methoden miteinander vereinigen lassen.

Da die Geistlichen Übungen des heiligen Ignatius nicht aus theoretischen Erwägungen, sondern aus eigener Erfahrung des Verfassers entstanden sind, möchten wir wenigstens einige Bemerkungen über seinen Lebensweg vorausschicken. Zunächst einige Daten über den äußeren Verlauf. Ignatius, Gründer des Jesuitenordens, wurde 1491 als letzter Sohn einer altadeligen baskischen

Familie auf dem Herrensitz Loyola bei Azpeitia in der Provinz Guipúzcoa geboren. 1521 wurde er als Offizier im Dienste des Herzogs von Nájera, Antonio Maurique de Laras, bei der Verteidigung der Zitadelle von Pamplona, einer kleinen Stadt südlich der Pyrenäen, schwer verwundet. Die angreifenden Franzosen nahmen die Festung ein, behandelten den Verwundeten mit ritterlicher Höflichkeit und brachten ihn eigens nach Loyola, wie Ignatius in seiner Autobiographie rühmlich berichtet (vgl. Ignatius von Loyola, Der Bericht des Pilgers. Herder, Freiburg 1956, S. 41/42). Dort verschlimmerte sich sein Zustand solchermaßen, daß die Ärzte ihm kaum noch Hoffnung gaben. Doch trat bald eine Wendung zum Besseren ein. Die Heilung ging nur langsam voran. Aber während dieser Zeit erkannte Ignatius allmählich die Eitelkeit des weltlichen Ruhmes, nach dem er bisher gestrebt und für den er sein Leben aufs Spiel gesetzt hatte. Ignatius entschloß sich, das neugeschenkte Leben ganz im Dienste Gottes und seiner Mitmenschen zuzubringen. Trotz des Widerstandes seines älteren Bruders, der inzwischen Schloßherr geworden war, verließ er Loyola, um seinen Entschluß auszuführen. Er ging zunächst zu dem berühmten Heiligtum Unserer Lieben Frau in Montserrat, wo er Schwert und Dolch als Weihgeschenke am Muttergottesaltar aufhängte, nachdem er eine Nacht hindurch betend die Ritterweihe gehalten hatte. Von dort nahm er seinen Weg nach dem Städtchen Manresa. In einer Höhle nahebei lebte er nun ein Jahr als Eremit im Gebet und unter Kasteiungen. Nach vielen Prüfungen wurden ihm große mystische Gnaden zuteil. Er wurde in Wahrheit ein neuer Mensch.

11

Im Juni desselben Jahres unternahm er eine Pilgerreise nach Jerusalem. Er hatte zwar die Absicht, dort bis zum Ende seines Lebens zu bleiben und für die Bekehrung der Ungläubigen zu wirken. Doch konnte er seinen Plan nicht verwirklichen, da die dort zuständigen kirchlichen Behörden auf Grund unliebsamer Erfahrungen in früheren Fällen ihm nicht die Erlaubnis dazu gaben. Doch er sah darin einen Fingerzeig Gottes und kehrte nach Spanien zurück. Dort studierte er zunächst Latein in Barcelona und später die höheren Fächer in Alcala und Salamanca, um sich auf das Priestertum vorzubereiten. Gleichzeitig gab er religiöse Unterweisungen für Kinder und Erwachsene von geringer Bildung. Auch gab er eifrigen Personen die Exerzitien. Doch wurde er wegen seiner seelsorglichen Tätigkeit mehrfach der Häresie verdächtigt, vor Gericht gestellt und zeitweilig eingekerkert. Einem Besucher, der ihn im Gefängnis besuchte und seine Teilnahme aussprach, entgegnete er: »Es gibt in Salamanca nicht soviele Handschellen, als daß ich nicht noch mehr aus Liebe zu Gott an mir zu tragen verlangte« (l. c. S. 100). Es war die Zeit der beginnenden Reformation, einige Jahre nachdem Martin Luther seine Thesen in Wittenberg angeschlagen hatte; man war überall äußerst empfindlich, was die kirchliche Lehre betraf. Ignatius wurde zwar freigesprochen und aus dem Gefängnis entlassen. Aber es wurde ihm verboten, die christliche Lehre zu verkünden, solange er seine Studien nicht abgeschlossen hatte. Daher verließ er Spanien und siedelte nach Paris über, wo er bis zum Abschluß seiner Studien blieb. 1537 wurde er zum Priester geweiht.

Während dieser Zeit legte er zusammen mit einigen Mitstudenten den Grundstein seines Ordens. Einer von ihnen war Franz Xaver, der später als Glaubensbote nach Indien und Japan ging, wo er übrigens auch dem Zen begegnete. Ignatius hatte allen seinen Gefährten einzeln die Exerzitien gegeben. Der Orden wurde von Papst Paul III. 1540 approbiert. Ignatius wurde als erster Generaloberer gewählt und blieb es bis zu seinem Tode 1556.

Die Geistlichen Übungen, von denen nun die Rede sein soll, stehen so eng in Beziehung zu dem inneren Werdegang ihres Verfassers, daß man ihre Abfassung in gewissem Sinne als die Geschichte seiner Seelenreise von der Kindheit bis zum Mannesalter bezeichnen kann. Das meiste davon wurde schon in Manresa geschrieben. Andere Teile kamen in den folgenden Jahren hinzu. Das Buch wurde 1535 abgeschlossen. Der älteste Text ist das Autograph von 1541. Es gibt außerdem zwei Dokumente, die von Ignatius selbst stammen. Das eine ist die schon erwähnte Autobiographie (›Der Bericht des Pilgers‹). Es wurde von Pater Luis Goncalves de Câmera nach dem mündlichen Bericht des heiligen Ignatius niedergeschrieben. Die andere Quelle sind Aufzeichnungen, die Ignatius in späteren Jahren über seine Gebetserfahrungen gemacht hat. Sie stehen zum großen Teil in Verbindung mit der Abfassung der Ordenssatzungen. Leider sind diese aber nur noch zu einem geringen Teil vorhanden. Den größten Teil hat Ignatius vor seinem Tode vernichtet.

Aus dem ›Bericht des Pilgers‹ möchten wir schon hier die eine oder andere Stelle anführen. Ignatius erklärt, »er habe die Geistlichen Übungen nicht in einem Tage niedergeschrieben, sondern zunächst nur einige Punkte, die er in seinem Inneren beobachtete und die er nutzbringend fand. Er habe geglaubt, sie könnten auch für andere Menschen von Nutzen sein, und daher habe er sie zu Papier gebracht, so z. B. die Gewissenserforschung mit jenem Linienschema und anderes mehr. Besonders die Abschnitte über die Wahl, so sagte er mir, habe er jener Verschiedenheit der Geister entnommen, die er in Loyola in sich erfuhr, als er noch infolge der Beinverwundung danieder lag« (l. c. S. 125/6). Er hatte damals wiederholt die Beobachtung gemacht, daß er sich verlassen und ohne Trost fühlte, nachdem er sich in seiner Phantasie große Ruhmestaten ausgemalt hatte, wie er sie früher in den Ritterromanen gelesen hatte. Wenn er dagegen im Leben der Heiligen gelesen hatte und sich vorstellte, daß er nach ihrem Beispiel Bußwerke verrichten würde, so empfand er nachher tiefen Trost in seiner Seele. »Und als er später die Exerzitien verfaßte, begann er von hier aus Klarheit über die Lehre von der Verschiedenheit der Geister zu gewinnen« (l. c. S. 46). Wiederholt sagt er, daß er vollkommen unwissend in geistlichen Dingen war: »Er hatte noch keinen Blick für innere Werte und verstand nicht, was Demut, Liebe, Geduld eigentlich seien. Und er kannte jenes Gespür für Gottes Willen noch nicht, das diese Tugenden zu lenken und ins rechte Maß zu bringen hat« (l. c. S. 51). Bisweilen ließ er sich auch täuschen durch Erscheinungen, die er später als unecht erkannte. So berichtet er von seinem Aufenthalt in einem Armenspital: Dort »erlebte er häufig, daß er am hellichten Tage irgend etwas in der Luft nahe bei sich sah, was ihm großen Trost schenkte, da es ausnehmend prächtig anzuschauen war . . . Wenn aber jene Erscheinung seinen Augen entschwand, empfand er darüber großen Kummer« (l. c. S. 55/6). Das wiederholte sich viele Male, bis es wieder »einmal auftauchte, als er vor einem Kreuze kniete und klar erkannte, daß jenes Etwas ein Bild des Teufels war, und dies war begleitet von einer festen Zustimmung des Willens« (l. c. S. 66). Von da ab ließ er sich nicht mehr auf die Erscheinung ein, bis sie schließlich ganz verschwand. Aus seiner Studienzeit berichtet er von zwei Fällen, wo er gerade während der Vorlesungen von so starken Tröstungen heimgesucht wurde, daß es ihm unmöglich war, dem Unterricht zu folgen. Ähnliches geschah zu anderer Zeit, nämlich wenn die festgesetzte Stunde zum Schlafen gekommen war, obwohl er diese Zeit sehr knapp bemessen hatte. In beiden Fällen verschwanden diese Tröstungen, nachdem er sich vorgenommen hatte, sie einfach zu ignorieren.

In Manresa litt er zeitweilig in solchem Maße unter Skrupeln, daß er fast verzweifelte und ihm Selbstmordgedanken kamen. Aber auch diese Prüfung ging vorüber, und er litt nie mehr unter diesem Übel. Seine Erfahrungen mit Skrupeln fanden ihren Niederschlag in den Regeln über Skrupel, die auch ins Exerzitienbüchlein aufgenommen sind.

Auf andere Gelegenheiten werden wir noch in den folgenden Ausführungen stoßen. Hier möchten wir nur noch auf einen Umstand hinweisen. Obwohl Ignatius, nachdem er seine geistliche Pilgerschaft angetreten hatte, immer wieder nach Menschen Ausschau hielt, mit denen er über geistliche Dinge reden konnte, fand er kaum solche, die ihn wirklich beraten konnten. Er sagt selbst, daß Gott ihn wie ein Kind geführt habe. So lernte er die Stimme des ›inneren‹ Meisters zu vernehmen und ihr treu zu folgen, nachdem er den unwiderruflichen Entschluß gefaßt hatte, Gott unter keinen Umständen zu beleidigen und nichts anderes als seinen Willen zu suchen.

Das Gesagte darf allerdings nicht so verstanden werden, daß alles, was in diesem Büchlein geschrieben steht, von Ignatius zum erstenmal gesagt wurde. Im Gegenteil, auch er steht im Strom der christlichen Spiritualität, die in den Evangelien ihren Ursprung hat und sich von dort aus unter vielseitigen Einflüssen weiterentwickelt hat.

Im folgenden werden wir zunächst kurz erklären, worin die Geistlichen Übungen einerseits und das Zen andererseits im Wesentlichen bestehen. Sodann sollen die Verschiedenheiten und Übereinstimmungen dargelegt werden. Zum Abschluß möchten wir einige Erwägungen über die Möglichkeit gegenseitiger Ergänzungen anstellen.

Die Exerzitien des heiligen Ignatius

Dem Text geht das von Ignatius sehr geschätzte Gebet ›Anima Christi‹ voraus. Die darauf folgenden 20 ›Vorbemerkungen‹ sind »Bemerkungen, um einiges Verständnis der hier folgenden geistlichen Übungen zu erlangen, und daß sowohl der sie zu geben, als auch der sie zu empfangen hat, besser mitarbeiten könne« (Feder, Ignatius von Loyolas Geistliche Übungen. Herder, Freiburg, 11. Aufl. 1951, S. 23). Manche dieser Vorbemerkungen werden wir, soweit sie für unsere Ausführungen nötig sind, später an entsprechender Stelle zitieren.

Zweck der Geistlichen Übungen

Ignatius gibt nach den Vorbemerkungen folgende Überschrift: ›Geistliche Übungen mit dem Zweck, daß man sich selbst überwinde und sein Leben ordne, ohne sich dabei durch irgendeine Neigung, die ungeordnet wäre, bestimmen zu lassen‹ (l. c. S. 37). Dabei geht es in den Ignatianischen Exerzitien ursprünglich darum, seinen Beruf zu erkennen, konkret gesagt, festzustellen, ob man Beruf zum Ordensleben hat, d. h. Verzicht auf Privatbesitz zu leisten, jungfräulich zu bleiben und in einer Gemeinschaft dem zuständigen Oberen Gehorsam zu leisten – kurz: Verpflichtung zu Armut, Keuschheit und Gehorsam. Darum handelte es sich auch in den meisten Fällen, in denen Ignatius die Exerzitien selbst gab. Im weiteren Sinne können sie auch gemacht werden von Leuten, deren Beruf schon festliegt, die z. B. bereits Ordensleute sind oder im Ehestand leben. In diesen Fällen sollen sie helfen, in dem jeweiligen Beruf möglichst vollkommen der Bestimmung des Menschen entsprechend zu leben.

Was die Zeitdauer betrifft, die für die Geistlichen Übungen vorgesehen ist, so heißt es in der vierten Vorbemerkung: »Es werden zwar für die folgenden Übungen vier Wochen angesetzt, die den vier Teilen entsprechen sollen, in die sich die Übungen scheiden, nämlich dem ersten Teil, der in der Erwägung und Betrachtung über die Sünde besteht, dem zweiten, d. h. dem Leben Christi, dem dritten, dem Leiden Christi unseres Herrn, dem vierten oder der Auferstehung und Himmelfahrt mit Anschluß dreier Gebetsweisen« (l. c. S. 25). Das soll jedoch nicht heißen, daß jede Woche genau sieben Tage dauern müßte; jede Woche kann nach Bedarf mehr oder weniger Tage enthalten. Aber die Exerzitien sollen insgesamt etwa 30 Tage umfassen.

Fundament

Der ersten Woche wird eine Überlegung vorausgeschickt, die als ›Fundament‹ (Principium et Fundamentum) bezeichnet ist. Sie enthält eine Begriffsbestimmung des letzten Ziels (des Menschen) und einige sich daraus ergebende Folgerungen. Sie lautet: »Der Mensch ist geschaffen, um Gott, unseren Herrn, zu loben, ihm Ehrfurcht zu erweisen und ihm zu dienen und dadurch sein Seelenheil zu wirken. Die übrigen Dinge aber auf Erden sind des Menschen wegen erschaffen, und zwar damit sie

ihm bei der Verfolgung des Zieles, für das er erschaffen ist, behilflich seien. Hieraus folgt, daß
der Mensch dieselben insoweit benutzen soll, als
sie ihm zur Erreichung seines Zieles dienen, und
daß er sich von ihnen insoweit trennen muß, als sie
ihn daran hindern.

Deshalb ist es notwendig, uns gegen alle ge-
schaffenen Dinge gleichmütig zu stimmen, soweit
es dem eigenen Ermessen unseres freien Willens
anheimgestellt und nicht verboten ist, so daß wir
unsererseits die Gesundheit nicht mehr als die
Krankheit wollen, den Reichtum nicht mehr als
die Armut, die Ehre nicht mehr als die Schmach,
ein langes Leben nicht mehr als ein kurzes und so
weiter in allen übrigen Dingen, indem wir einzig
das verlangen und wählen, was uns mehr fördert
zum Ziel, für das wir geschaffen sind« (l. c. S.
23/4).

Das Fundament geht nach seinem Wortlaut offenbar weit über den Rahmen der Exerzitien hinaus. Der erste Satz enthält die Antwort auf die erste Frage des Katechismus, wie er bis vor einigen
Jahren im katholischen Religionsunterricht benutzt wurde: »Wozu sind wir auf Erden?« Eine
Frage, die heute mehr denn je in unzähligen Varia-
tionen gestellt wird. Viele bleiben allerdings schon
bei der Vorfrage stecken: »Hat das Leben überhaupt einen Sinn?« – Die aus der Begriffsbestimmung des Zwecks gezogenen Schlüsse sind im Wesentlichen auch Eigengut der christlichen Spiritualität und im weiteren Sinne vielleicht aller Religionen. Ignatius steht mit dem Fundament mitten im
christlichen Gedankengut, und es liegt ihm soviel
daran, daß er in einem Vorbereitungsgebet, das er
vor jeder Betrachtung wiederholen läßt, den

Grundgedanken desselben dem Exerzitanten ins Gedächtnis zurückruft, nämlich: »Ich erbitte von Gott, unserem Herrn, die Gnade, daß alle meine Absichten, Handlungen und Betätigungen rein auf den Dienst und das Lob seiner göttlichen Majestät hingeordnet seien« (l. c. S. 50).

Die erste Woche

In der ersten Woche soll sich der Exerzitant auf die Sünde, und zwar nicht nur allgemein und theoretisch, sondern auch praktisch auf die von ihm in der Vergangenheit begangenen Sünden konzentrieren. Er soll sich vor allem um eine tief innerliche Erkenntnis der Sünde und entsprechenden Abscheu vor derselben bemühen. Tiefe Erkenntnis der eigenen Sündhaftigkeit und entsprechende Abkehr von allem, was sündhaft ist, war im Christentum stets der erste Schritt zum Streben nach höherer Vollkommenheit. Das lehrt uns auch die Geschichte der christlichen Mystik. Als positive Folge ergibt sich daraus die Demut, die ebenfalls dem Christentum eigen ist. Das ist durchaus verständlich, weil die Sünde das größte Hindernis für die Vereinigung von Gott und Mensch ist. In diesem Sinne ist die Demut das Fundament christlicher Vollkommenheit. Ohne das sind alle höheren Aspirationen Illusion und sogar eine Gefahr, noch tiefer in die Sünde zu fallen. Auch mit dieser Ordnung steht Ignatius vollkommen auf dem Boden christlicher Tradition. Wie aus seiner Selbstbiographie hervorgeht, war auch für ihn der erste Schritt auf dem Wege zur Vollkommenheit die radikale Abkehr von der Sünde. Was er über die

Sünde gedacht und empfunden hat, kann man am besten aus seinen im Exerzitienbuch angegebenen Sündenbetrachtungen ersehen. Der moderne Mensch mag manchmal vor seiner Darstellung zurückschrecken. Ignatius hat es so geschrieben, wie er es empfunden hat.

Obwohl das Thema der ersten Woche, die Sünde, ein negativer Bezug ist, finden sich in den näheren Anweisungen auch hier schon unzweifelhafte Ausrichtungen auf die positiven Bezüge höchster christlicher Vollkommenheit, auf die der Weg von Anfang an gerichtet ist. De facto wird vorausgesetzt, daß der Exerzitant, schon bevor er die Exerzitien beginnt, mit der Sünde gebrochen hat. Die Absage an alles Sündhafte soll durch die Sündenbetrachtungen nur noch vertieft und gefestigt werden. Sollte sich herausstellen, daß der Exerzitant noch nicht auf diesem Standpunkt angekommen ist und noch von schweren Versuchungen bedrängt wird, so soll man ihn nach Anweisung des Verfassers nicht in die zweite Woche einführen. Vielmehr soll man ihm helfen, eine gute Lebensbeichte abzulegen und das Abendmahl zu empfangen und ihm Anweisungen geben, wie er sich allmählich von der Sünde losmachen und ein christliches Leben führen kann. Dazu werden im Exerzitienbuch wertvolle Ratschläge gegeben (l. c. S. 40/50).

Die zweite Woche

In dieser Woche wird dem Exerzitanten Christus vor Augen gestellt, auf daß er von Christus eine tief-innerliche Erkenntnis erlange, ihn mehr liebe und ihm möglichst vollkommen nachfolge. Gleichzeitig werden ihm Gedanken vorgelegt, die helfen können, eine richtige Wahl zu treffen. Gleich im Anfang und quasi als Einführung in das Leben Jesu soll er die Betrachtung vom Reich Christi machen. Er soll erwägen, daß der Sohn Gottes in die Welt kam, um die Menschheit zu erlösen und ihn einlädt, sich ihm engstens anzuschließen und an seinem Werk mitzuarbeiten. Dabei wird aber nicht nur die Herrlichkeit dieser Berufung gezeigt, sondern es wird ihm ebenso deutlich gemacht, daß er sich selbst vollkommen aufgeben muß, wenn er dieser Einladung folgen will. Dann folgen Betrachtungen über das Leben Jesu, angefangen von der Menschwerdung und Geburt bis zur Wiederauffindung im Tempel von Jerusalem, wo zum erstenmal seine Messiasberufung offenbar wird.

An dieser Stelle wird die Betrachtung von den ›Zwei Fahnen‹ gemacht, der Fahne Christi und der des Widersachers. Durch diese Betrachtung soll der Übende die Gefahr der Täuschung erkennen, damit er sich bei seiner Wahl nicht irreführen lasse. Damit wird das Thema von der Unterscheidung der Geister angeschnitten, das während der Exerzitien immer wieder zur Sprache kommt. Die diesbezüglichen Regeln sind ein Wesensbestandteil der Exerzitien, sie sollen auch in dieser Arbeit besprochen werden.

Im Anschluß an die Betrachtung von den ›Zwei Fahnen‹ wird die von den ›Drei Menschenklassen‹ gemacht. Sie soll den Exerzitanten vor dem Irrtum bewahren, daß er meint, er habe alles getan, was er konnte, obwohl es nicht so ist. Es sind Erwägungen, die auch sonst im Leben zur Anwendung kommen können. Kurz gesagt geht es um folgendes: Gesetzt den Fall, daß jemand eine große Summe Geldes erworben hat auf eine Weise, die zwar juristisch nicht angreifbar und auch vor Gott nicht eigentlich sündhaft ist, aber doch nicht auf Gott gerichtet war. Der Betreffende fühlt sich nicht ruhig in seinem Gewissen und möchte den Frieden des Herzens wiederfinden.

In dieser Lage sind drei Verhaltensweisen möglich, wonach man drei Klassen von Menschen unterscheiden kann. Die erste wünscht zwar vor Gott und ihrem Gewissen beruhigt zu werden. Aber sie kann sich nicht dazu entschließen, irgend etwas in der Sache zu tun, da ihre Anhänglichkeit an das Geld zu stark ist, und sie tut auch schließlich nichts bis zum Ende des Lebens. Die zweite Klasse will die Anhänglichkeit aufgeben, aber so, daß sie zugleich im Besitz des erworbenen Gutes bleibt, »so daß Gott dahin kommen soll, wohin sie selbst will; und sie entschließt sich nicht, das Gut dranzugeben, um zu Gott zu gehen, auch wenn dies der beste Stand für sie wäre« (l. c. S. 92). Die dritte und einzig richtige Klasse hat das Geld im Herzen schon fortgegeben und will weder dieses noch irgend etwas anderes in der Welt für sich nehmen, wenn es nicht so der Wille Gottes ist. Der Exerzitant sollte sich nun fragen, zu welcher der drei Klassen er gegenwärtig gehört in der Frage seiner Lebensentscheidung, die er getroffen hat oder zu treffen im Begriff steht.

Nun folgt eine weitere Erwägung, die helfen soll, die richtige Wahl zu treffen. Es sind die ›Drei Grade der Demut‹. Man könnte sie auch die ›drei Grade der Liebe‹ nennen. Darüber soll der Exerzitant einen ganzen Tag nachdenken. Der erste Grad besteht darin, daß ein Mensch unter keinen Umständen etwas tun (bzw. unterlassen) will, wodurch er sich nach seinem Gewissen eine schwere Schuld aufladen würde, m.a.W. Gott in einer wichtigen Sache beleidigte. Und das, selbst wenn es ihn das Leben kostete oder er umgekehrt durch sein Verhalten alle Reichtümer der Welt erwerben könnte, wenn er gegen sein Gewissen handelte, z. B. wenn es sich darum handelte, einen unschuldigen Menschen zu töten.

Der zweite, nächst höhere Grad verlangt dasselbe Verhalten wie der erste, auch wenn es sich nur um eine weniger wichtige Sache handelte, obwohl es gegen seine Gewissen wäre, z. B. eine Notlüge. Eher würde er auf sein Leben verzichten, bzw. auf alle Reichtümer der Welt. Dies ist schon eine unerhörte Forderung und setzt voraus, daß er von jeder Anhänglichkeit frei ist. Mehr kann man von einem Menschen nicht verlangen.

Nun der dritte Grad. Für einen Christen gibt es noch ein Drittes, nämlich daß er ganz unabhängig davon, ob es an sich das Bessere ist oder nicht, lieber arm und verachtet sein möchte als reich und geehrt, aus dem einzigen Grunde, weil Christus, dem er sich angeschlossen hat, arm und verachtet war. Dieser Grad setzt immer den ersten und zweiten voraus. Er geht darüber hinaus, denn bei dieser Wahl spricht nicht mehr der Verstand, sondern das Herz. Das Motiv ist hier das ganz persönliche Engagement an Christus. Dieser Grad bekommt in der folgenden dritten Woche eine starke Motivierung.

Nach den obigen Wahlbetrachtungen schließen sich weitere Betrachtungen über das Leben Jesu an. Sie enden mit dem Einzug Jesu in Jerusalem,

bei dem er kurz vor seinem Leiden von einer großen Volksmenge als Messias begrüßt wurde.

Die dritte Woche

In dieser Woche soll die getroffene Wahl, Christus
in möglichst vollkommener Weise nachzufolgen,
befestigt werden. Dazu bietet das Leiden Christi,
das nun betrachtet wird, womöglich noch stärkere
Motive als die Betrachtung seines Lebens und
Wirkens. Hier leuchtet das Beispiel Christi um so
stärker auf, als die zu überwindenden Hindernisse
größer sind. »Eine größere Liebe hat niemand als
der, welcher sein Leben hingibt für seine Freun-
de.« Christus hätte dem Tode ausweichen können. Aber er wollte es nicht. Er mußte leiden und
sterben, wie er selbst sagte. Weder vor dem jüdi-
schen Gericht noch vor dem römischen Statthalter
Pilatus hat er einen Versuch gemacht, freigesprochen zu werden oder auch nur eine Erleichterung
zu erhalten. Selbst die Gelegenheit, die sich bot,
als Pilatus vor den Juden unverhohlen erklärte:
»Ich finde keine Schuld an ihm«, ließ er unbenutzt
vorübergehen. Im Gegenteil, er sagte vor beiden
Richtern furchtlos, was gesagt werden mußte,
obwohl er voraussah daß man seine Worte zum
Anlaß nehmen würde, in Ermangelung glaubwür-
diger Zeugen einen Grund für das Todesurteil zu
finden. Ja, er warnte Pilatus und sagte: »Du hät-
test keine Gewalt über mich, wenn sie dir nicht
von oben gegeben wäre.« Bei der Betrachtung dieser Umstände leuchten dem Exerzitanten unwill-
kürlich die Gedanken des dritten Grades der Demut auf, wo es heißt, daß man »eher danach ver-

lange, für einfältig und töricht gehalten zu werden um Christi willen, der zuerst als solcher angesehen wurde, als für weise und klug in dieser Welt« (l. c. S. 98). Im übrigen soll sich der Betrachtende bewußt werden, daß er selbst auch Ursache der Schmach und des Leidens und Todes Christi ist. »Durch seine Wunden wurden wir geheilt«, wie der Prophet sagt.

Es fällt auf, daß Ignatius gerade bei diesen Betrachtungen betont, daß man mit Christus eins werden soll. Man soll nicht nur Mitleid wie mit einem anderen haben, sondern buchstäblich mitleiden. Ich soll bitten und mich bemühen »um Schmerz mit dem schmerzerfüllten Christus, Zerschlagenheit mit dem zerschlagenen Christus, Tränen, tiefe Pein über die so große Pein, die Christus für mich gelitten hat«. Da wird die diskursive Betrachtung zur Meditation oder Kontemplation. Sie ist passiv geworden. – Es gibt gewiß noch andere Gesichtspunkte, die bei der Betrachtung des Leidens sehr fruchtbar sein können. Wir beschränken uns auf einige Andeutungen. An erster Stelle könnte ein neues Motiv zur Meidung der Sünde genannt werden. Wenn Gottes Weisheit es für billig und recht erachtet hat, seinen eingeborenen Sohn so leiden zu lassen, um für die Sünden der Menschheit Genugtuung zu leisten, was muß da die Sünde in den Augen Gottes sein! Es erwächst aus diesen Betrachtungen vor allem ein neues Motiv zur Gottesliebe, weil das Leiden der größte Beweis für die Liebe Gottes zu uns ist und uns um so mehr zur Gegenliebe verpflichtet. Ferner ist es ein Motiv zur Hoffnung. In diesem Sinne sagt Augustinus: »Wer gegeben hat, was mehr ist, nämlich das Blut seines Eingeborenen, wird auch die ewige Glorie geben, die ohne Zweifel weniger ist.« Für die Nachfolge Christi bietet das Leiden Jesu die stärksten Motive, weil dort die Tugenden Demut, Geduld und Liebe um so heller leuchten.

Man wundert sich vielleicht, daß Ignatius diese Gesichtspunkte nicht erwähnt, obwohl sie auf den ersten Blick wichtiger und sozusagen praktischer zu sein scheinen als das Gefühl des Mitleids. Um das zu verstehen, müssen wir uns daran erinnern, daß Ignatius Mystiker war. Die soeben genannten Motive liegen auf der Ebene der verstandesmäßigen Überlegung. Das Einswerden mit Christus, wie es Ignatius meint, liegt auf einer tieferen Ebene, wo nicht gedacht wird, sondern sich die Umwandlung im Grunde der Seele vollzieht, unmittelbar und zudem wirksamer als auf der verstandesmäßigen Ebene. Noch eine Perspektive möge hier kurz angedeutet werden: Wenn man die Exerzitien des heiligen Ignatius als einen Weg zur mystischen Einung sehen könnte – die Frage soll an dieser Stelle nicht besprochen werden –, so wäre die dritte Woche der Ort für den mystischen Tod.

Die vierte Woche

In der vierten Woche soll sich der Exerzitant auf die Auferstehung Christi und die darauf folgenden Erscheinungen bei seinen Freunden konzentrieren. Das ist ein totaler Umschwung gegenüber der dritten Woche, der übrigens gar nicht leicht zu vollziehen ist, wenn man diese Übungen ganz macht. Aber es gibt trotzdem Übereinstimmungen zwischen beiden Wochen, was die Art der Betrachtung betrifft. Denn auch in den Betrachtungen dieser Woche soll man sich eins fühlen mit Christus. Jetzt aber soll ich »um die Gnade bitten, mich innig zu freuen und zu frohlocken über die so große Herrlichkeit und Freude Christi, unseres Herrn« (l. c. S. 120). Also auch hier geht es nicht mehr um verstandesmäßige Überlegungen. Die gewünschte Freude ist vollkommen selbstlos. Man könnte gewiß auch hier erwägen, daß wir gleichfalls zu dieser ganz ungetrübten und nie endenden Freude berufen sind, nachdem die Tage unserer irdischen Pilgerschaft abgelaufen sein werden. Ignatius spricht nicht davon. Trotzdem bleibt es dem Betrachtenden freigestellt, solche Überlegungen anzustellen, wenn es ihm gut scheint. Er kann auch aus ihnen gewiß viel gewinnen. Wo Ignatius davon spricht, daß man während des Tages an Dinge denken soll, die zur Freude stimmen, erwähnt er auch diese Gedanken.

In jüngster Zeit hat sich gerade im Verhältnis von Christi Tod und seiner Auferstehung die christliche Auffassung in etwa gewandelt. Dieser Wandel könnte auch für die Exerzitien fruchtbar gemacht werden. Es wird mehr als zuvor betont, daß zwischen Tod und Auferstehung Christi ein sehr enger Zusammenhang besteht. Beide sind in eines zu sehen. Während man lange Zeit das Kreuz im Vordergrund stehend und dominierend gesehen hat, besteht jetzt die entgegengesetzte Tendenz. Der auferstandene Christus steht im Vordergrund, während das Kreuz in den Hintergrund gerückt wird. Man geht darin oft schon so weit, daß das Kreuz fast nur als zufällig und unwichtig angesehen wird. Das war von Ignatius bestimmt nicht so gedacht. Wir können selbstverständlich hier nicht auf diese Problematik eingehen. Aber was die vierte Woche in den Exerzitien betrifft, so war sie bei der früheren Setzung der Akzente oft schwierig, und es besteht kein Widerspruch zu Ignatius in dem Bemühen neue Anregungen für diesen letzten Teil der Exerzitien auf Grund der neueren starken Betonung des auferstandenen Christus zu finden. Man sah bisher den Christus nach der Auferstehung allzu sehr in der Ferne und nur wie verhüllt, während der Auferstandene es ist, der immer unter uns lebt und für immer mit uns sein wird. Die Auferstehung Christi ist nicht nur ein Ereignis aus der Vergangenheit, sondern ein fundamentales Geheimnis des christlichen Glaubens, das Raum und Zeit transzendiert.

Trotzdem sollte auch in dieser Woche die praktische Seite nicht zu kurz kommen. Paulus mahnt immer wieder: »Wenn ihr also mit Christus auferstanden seid, so sucht, was droben ist« (Kol. 3,1). Das heißt nun für den Exerzitanten, daß die getroffene Wahl auch im Leben durchgeführt werden muß. In diesem Sinne ist auch die vierte Woche ein Schritt weiter auf dem Wege zur Vollkommenheit. Im Blick auf das letzte Ziel verblassen die vergänglichen Dinge. Da ist der Verzicht auf sie kein Opfer mehr, da man ein höheres Glück im Geistigen gefunden hat.

Die vierte Woche und damit die ganzen Exerzitien finden ihren Abschluß in der ›Betrachtung zur Erlangung der Liebe‹. Dafür werden zunächst zwei Dinge zu beachten gegeben. »Erstens, die Liebe muß mehr in den Werken als in den Worten gesetzt werden. Zweitens, die Liebe besteht in der beiderseitigen Mitteilung, indem nämlich der Liebende dem Geliebten das gibt und mitteilt, was er hat, oder von dem, was er hat oder vermag, und ebenso umgekehrt der Geliebte dem Liebenden« (l. c. S. 24). Nach diesen Gesichtspunkten soll man die Wohltaten Gottes, welcher Art sie auch sein mögen, nach vier verschiedenen Richtungen durchgehen und erwägen: was sie in sich sind; wie Gott in ihnen stets gegenwärtig ist; wie er darin stets wirkend ist; wie sich Gott in seinen Wohltaten selbst uns mitteilt. Aber nachdem Ignatius diese Anweisungen gegeben hat, fügt er bezeichnend hinzu: »oder in einer anderen Weise, die ich für besser halten sollte« (l. c. S. 126). Jedenfalls soll man seine vollkommene Hingabe zum Ausdruck bringen etwa in folgenden Worten: »Nimm dir, Herr, und empfange alle meine Freiheit, mein Gedächtnis, meinen Verstand und meinen ganzen Willen, alles, was ich habe und was ich besitze; du hast es mir gegeben, dir, o Herr, erstatte ich es zurück, verfüge darüber ganz nach deinem Willen. Gib mir nur deine Liebe und Gnade; denn das ist mir genug« (l. c. S. 125/6).

Zum Vollzug der Geistlichen Übungen

Dazu sind drei Elemente wesentlich. Erstens, die Betrachtungen; zweitens, richtiges Verhalten zu den übrigen Zeiten; drittens, die Leitung durch den Exerzitienmeister. Predigten und Vorträge passen nicht in den Rahmen der Exerzitien, wie sie Ignatius gemeint hat. Freilich hat man im Laufe der Zeit manche Gedanken aus den Exerzitien für Predigten benutzt. Da wären besonders die sogenannten Volksmissionen zu nennen, die für große Massen gehalten wurden. Die Themen der Predigten, wie das Ziel des Menschen, die vier letzten Dinge, Christus und die Kirche wurden jedoch auch schon vor der Zeit des heiligen Ignatius in Predigten vor großen Mengen ausgewertet. Aber die Volksmissionen, wie sie bis in die jüngste Zeit von den Jesuiten gehalten wurden, erinnern lebhaft an die Exerzitien, freilich mit dem Hauptakzent auf der ersten Woche. Doch davon soll jetzt keine Rede sein.

Anders ist es mit Veranstaltungen für kleinere Gruppen, die als Exerzitien bezeichnet wurden und es auch sein wollten, wo jedoch vor allem Vorträge gehalten wurden und im Anschluß nur einige Minuten oder garnicht betrachtet wurde. Sie haben den Teilnehmern ohne Zweifel viel für ihr religiöses Leben gegeben, kommen jedoch für einen Vergleich mit den Zenübungen nicht in Frage. Dafür müssen wir uns an die Exerzitien halten, wie sie Ignatius gemeint hat.

Bei den Exerzitien in ihrer Vollgestalt sollen täglich fünf Betrachtungen von mindestens je einer vollen Stunde gemacht werden. Die Zeiten dafür sind so festgelegt, daß die erste zu Mitternacht beginnt, die zweite am Morgen, die dritte am Vormittag, die vierte am Nachmittag und die fünfte am Abend gehalten wird. Wenn besondere Gründe vorliegen, kann die erste auch während des Tages gehalten werden. Bisweilen, besonders in der vierten Woche, wenn der Exerzitant schon ermüdet ist, darf man sich auch auf vier Meditationen am Tage beschränken. Aber auch dann sollten alle Betrachtungen je eine volle Stunde dauern. Vor jeder Betrachtung soll der Exerzitienmeister den Gegenstand der Betrachtung einfach und kurz erklären. Nach der Betrachtung soll man jeweils etwa eine Viertelstunde einen Rückblick halten und sich fragen, wie es einem dabei ging und welche Erkenntnisse oder Erfahrungen man dabei gemacht hat. Das hat unter anderem auch den Zweck, im Laufe der Zeit besser meditieren zu lernen. Jede Betrachtung nimmt also mit Einschluß der Vorbereitung und des Rückblicks etwa eine und eine halbe Stunde in Anspruch, also bei fünf Betrachtungen circa acht Stunden, was immerhin ein beträchtlicher Teil des Tages ist. Dazu kommen die Eucharistiefeier, zweimalige Gewissenserforschung und zur Zeit des heiligen Ignatius noch die Vesper und vielleicht weitere Tagzeiten des Stundengebets. Während der Mahlzeiten wird gewöhnlich eine geistliche Lesung gehalten. Persönliche Aussprachen mit dem Exerzitienmeister finden während der übrigen, noch freien Tage statt.

Für das Verhalten während des ganzen Tages werden in den erwähnten Vorbemerkungen Anweisungen gegeben. Dazu kommen noch ›Zusätze‹, die an verschiedenen Stellen nach Bedarf eingefügt sind. Auf Einzelheiten kommen wir zu sprechen, wenn wir die Geistlichen Übungen mit dem Zen vergleichen. Nur zwei grundsätzliche Vorschriften sollen schon jetzt erwähnt werden. Die erste betrifft das Stillschweigen. Die zweite verlangt, daß die innere Haltung des Exerzitanten auf die Exerzitien allgemein und auf das Thema des Tages bzw. der jeweiligen Betrachtung abgestimmt ist.

Die Leitung durch den Exerzitienmeister ist durchaus vorgesehen, wenigstens für jene, die noch nicht genügend Erfahrung im geistlichen Leben haben. Der Exerzitienmeister soll beständig über den Zustand des Exerzitanten auf dem Laufenden sein und ihn daher täglich wenigstens einmal besuchen und ihn fragen, wie es ihm mit den Übungen geht und was damit zusammenhängt, damit er ihm in seinem Bemühen jederzeit helfen kann. Über die Führung in verschiedenen Situationen sind in den Vorbemerkungen Anweisungen gegeben. Auf Einzelheiten kommen wir später zu sprechen.

Das Zen

Es dürfte aus dem Gesagten hervorgehen, daß die Ignatianischen Exerzitien nicht nur, geschweige denn in erster Linie bezwecken, Anweisungen über Betrachtung oder Meditation zu geben. Die Betrachtungen sind nur ein, wenn auch wesentlicher Teil dieser Übungen. Darum ist es auch nicht in erster Linie unsere Absicht, die von Ignatius angegebenen Betrachtungsweisen mit der Zenmeditation (Zazen) zu vergleichen. Das Vergleichsobjekt sind vielmehr die Zenkurse, ›Sesshin‹ genannt, d. h. Übungen, die mehrere Tage fortdauern und meistens in Gruppen gehalten werden. Sesshin bedeutet übrigens etwa ›Herzenssammlung‹. Dabei ist natürlich auch die Meditationsweise ein wichtiges Vergleichsobjekt.

Zazen (Zenmeditation) besteht erstens in einer bestimmten Körperhaltung, Lotussitz genannt, zweitens, in einer entsprechenden Atmungsweise, der Zwerchfellatmung, drittens in der inneren Haltung, bei der es kein Thema gibt, über das meditiert wird. Auf Einzelheiten werden wir eingehen, wenn wir den Vergleich mit den Meditationsweisen der Geistlichen Übungen anstellen.

Die Struktur eines Sesshin (Zenkurs) ist bald beschrieben, weil es in ihm kein Thema gibt, das im Verlaufe des Kurses immer wieder gewechselt wird. In dieser Beziehung ist ein Tag wie der andere. Aus demselben Grunde ist auch die Zahl der Tage oder Wochen nicht festgelegt. In den Zenklöstern sind es meistens sieben Tage. Auch die Dauer der einzelnen Meditationen ist nicht immer die gleiche. Sie richtet sich unter anderem nach der

Gewohnheit der einzelnen Klöster. Durchschnittlich sind es etwa 40 bis 50 Minuten. Jedoch folgen meistens mehrere Meditationen dicht aufeinander mit einem Intervall, das ganz oder zum Teil durch meditatives Gehen ausgefüllt ist. Da es kein Betrachtungsobjekt gibt, ist weder für dessen Erklärung noch für den Rückblick Zeit vorgesehen. Durchschnittlich werden zehn Meditationen täglich gehalten, vorausgesetzt daß die Dauer der Meditationen den obigen Angaben entspricht. Einmal täglich hält der Zenmeister eine Ansprache von 40 bis 50 Minuten. Doch hat auch sie nicht den Zweck, Stoff zum Nachdenken zu geben. Der Inhalt ist gewöhnlich ein Text aus einer Koansammlung. Unter einem ›Koan‹ versteht man ein Problem, das keine verstandesmäßige Lösung zuläßt. Es ist wie ein Paradox, z. B. ›Höre die Stimme der einen Hand!‹. Der Form nach ist es oft eine Episode aus dem Leben eines berühmten Meisters, wobei dieser ein Gespräch mit seinem Schüler führt. Jedoch scheint es oft so, als ob Frage und Antwort keine Beziehung zueinander hätten. Die Wahl der Texte ist so getroffen, weil sie dem Schüler helfen sollen, über das diskursive Denken hinauszukommen und das Auge der Intuition zu öffnen, worauf allein es beim Zen ankommt. So erklärt sich, daß einem Schüler bisweilen während dieser Ansprache die Erleuchtung kommt, während sie ihm in der Meditation nicht zuteil wurde. Man versteht auch, daß die tägliche Ansprache des Meisters als integraler Teil des Sesshin gilt. Zu den Meditationen und der Ansprache kommt noch die Rezitation der Sutras, eine Art Gottesdienst, die an das christliche Chorgebet erinnert. Diese religiöse Übung wird zweimal täglich gehalten, morgens etwa 40 Minuten und abends ungefähr 10 Minuten.

Die Einzelleitung (Dokusan), die im Zen bekanntlich von großer Bedeutung ist, geschieht nicht in den freien Zeiten, sondern während der Meditation. Zu ihr wird täglich drei- bis viermal Gelegenheit gegeben. Trotz der uralten Tradition der Einzelleitung wird sie nicht in allen Zenschulen in gleicher Weise durchgeführt. Wie in manchen anderen Dingen besteht auch in dieser Hinsicht ein erheblicher Unterschied zwischen Rinzai und Soto, den beiden Hauptsekten, die in Japan heute noch tätig sind. Während Rinzai die Einzelleitung streng durchführt, bleibt sie bei Soto dem Belieben des einzelnen überlassen. – Während des ganzen Sesshin ist Tag und Nacht strengstes Stillschweigen vorgeschrieben. Man soll sich beständig auf das Sesshin konzentrieren und sogar die übrigbleibende freie Zeit womöglich zum Meditieren benutzen. Wie gesagt, es wird kein Thema für die Meditation gegeben. Das bedarf wohl einer Erklärung. Wie soll man sich das vorstellen? Wie soll man sich konkret verhalten? Man soll weder von sich aus einen Gedanken aufgreifen noch sich um die Gedanken kümmern, die von selbst kommen. Aber man soll sie auch nicht forttreiben. Der Bewußtseinszustand während des Zazen ist aber trotzdem gänzlich verschieden vom Dösen. Dösen – das hieße Kuhmist kneten, wie ein Zenmeister es ausdrückte. Es ist im Gegenteil ein hellwacher Zustand. Da es jedoch für Anfänger schwierig ist, da hineinzukommen, wird angeraten, sich auf den Atem zu konzentrieren, sei es, daß man den Atem zählt oder, ohne zu zählen, dem Atem im Geiste folgt. Oder aber man konzentriert sich auf ein Koan, wovon schon die Rede war. Es gibt also zwei Möglichkeiten für die innere Einstellung während des Zazen. Wenn man weder die eine noch die andere benutzt und sich darauf beschränkt, sich auf keinen Gedanken einzulassen, der da kommen mag, so nennt man das ›Nur-Sitzen‹ (Shikantaza). Das ist die dritte Möglichkeit, die man wohl mit Recht als das eigentliche Zazen bezeichnet hat. Aber darüber sind sich die Schulen nicht einig. Damit wäre das Allerwesentlichste über den Vollzug der Zenmeditation und den Verlauf der Zenkurse (Sesshin) gesagt. Nun wäre zu fragen: Was wird damit bezweckt, was kann man durch diese Übungen erreichen?

Die Wirkungen des Zazen lassen sich in drei Gruppen zusammenstellen. Zunächst einmal gibt es gewisse Kräfte, die einem durch diese Meditationsweise zuwachsen. Sie können körperlicher oder geistiger Art sein. Zen strebt heute fast nur die letzteren an, womit aber nicht in Abrede gestellt werden soll, daß das Zen auch auf den Körper eine gute Wirkung haben kann. Daß die Gesundheit dadurch gefördert wird, ist allgemein bekannt, desgleichen, daß die Zenmeister oft ein hohes Alter erreichen. Mit den geistigen Kräften ist die Fähigkeit gemeint, die Zerstreuungen des Geistes abzustellen und seelisches Gleichgewicht und Ruhe herzustellen. Das bedeutet praktisch einen Zuwachs an Konzentrationskraft, Selbstbeherrschung und Gleichmut auch in schwierigen und unangenehmen Situationen. Doch darf man das nicht mit Quietismus verwechseln. Zen tötet die Gefühle nicht, sondern verstärkt sie. Hat es doch eine eigene Kunst hervorgebracht. Es ist auch eine Erfahrungstatsache, daß man durch Zazen in seinem Beruf ertüchtigt wird.

Die zweite Wirkung des Zazen ist ein Zuwachs an Intuition im Sinne von Einsicht. Es ist die Fähigkeit, die in den Inspirationen und in der Kunst wirksam ist und vor allem die religiösen Erfahrungen in der Mystik ermöglicht und daher auch für die dritte Wirkung des Zazen, die Erleuchtung, notwendig ist. Was die Erleuchtung selbst ist, läßt sich durch Worte allein nicht unzweideutig zum Ausdruck bringen. Bisweilen wird es als unmittelbare Selbsterfahrung bezeichnet. Buddhistisch gesagt ist es das Bewußtwerden der Buddha-Natur. Christlich gesehen ist es im Wesen eine Gotteserfahrung, wenn auch unpersönlicher Art. Doch können wir hier zu dieser Frage nicht näher Stellung nehmen.

Unterschiede zwischen den Geistlichen Übungen und dem Zen

1) Der Zweck ist verschieden. Bei den Exerzitien ist es die Berufswahl oder eine Neuorientierung in dem bereits erwählten Beruf. Zweck der Zenübungen und besonders des Sesshin ist die Erleuchtung, also eine mystische Erfahrung, Bewußtwerden der Buddha-Natur d. h. der Einheit mit dem absoluten Sein. Die Exerzitien haben nicht den Zweck, zu einer mystischen Erfahrung im engeren Sinne zu führen. Ein solches Ergebnis ist dabei nicht ausgeschlossen. Diese Möglichkeit wird sogar bei der Besprechung der Wahlzeiten ausdrücklich angeführt. Ein weiterer Unterschied besteht darin, daß bei den Ignatianischen Exerzitien die Beziehung zum Heil des Mitmenschen ausdrücklich mit hineingenommen wird. Gewiß wirken sich die Zenübungen und insbesondere die Erleuchtung auch, und zwar sehr stark, auf die Beziehung zum anderen aus. Die Zenübenden wissen das und bejahen es. Aber methodisch und ausdrücklich ist der Weg zur Erleuchtung nicht darauf ausgerichtet.

2) Es bestehen Unterschiede in der Art und Weise der Betrachtung bzw. der Meditation. Dieser Unterschied fällt einem Christen, der dem Zen begegnet, zuerst auf, er geht schon zur Genüge aus der gegebenen Beschreibung hevor. Es ist vor allem die Tatsache, daß es bei der Zenmeditation kein Thema gibt. Das Denken wird von Anfang an ausgeschaltet. Wohl finden wir auch bei Ignatius eine Tendenz zur Einfachheit in der Art der Be-

trachtung. Aber es wird doch bis zum Schluß für jede Betrachtung ein Thema gegeben. Bei den Exerzitien soll über dies auch tagsüber das Thema im Sinn behalten werden, oder man soll wenigstens darauf eingestimmt bleiben, z. B. in einem Gefühl der Reue in der ersten Woche oder des Mitleids mit Christus in der dritten Woche. Dagegen soll man während des Sesshin im Zen das Nichtdenken beständig beibehalten und sich keinerlei Gefühlen gewollt hingeben. Die Übung mit einem Koan scheint dem zwar zu widersprechen. Aber ein Koan ist kein Gegenstand, über den man nachdenken soll, sondern ein Mittel zur Entleerung des Bewußtseins. Zu dem Unterschied Denken – Nichtdenken kommt noch ein anderer, nämlich im Bereich der Phantasie. In den Exerzitien wird viel mit der Phantasie gearbeitet – was übrigens für manche Menschen eine Schwierigkeit bietet. Bei allen Betrachtungen soll man sich irgend etwas vorstellen, z. B. den Ort, an dem sich das zu betrachtende Geheimnis vollzogen hat, und zwar möglichst konkret, z. B. den Stall von Bethlehem. Beim Zazen dagegen müssen alle Bilder verschwinden. Dort begegnen wir dem Entbildert-Werden der christlichen Mystiker.

Andererseits gibt es auch im Christentum Meditations- oder Gebetsweisen, bei denen man nicht willentlich denkt, sondern sich passiv verhält, z. B. das Gebet der Sammlung oder der Ruhe. Es wird nichts getan, man läßt etwas geschehen. Das ist Meditation im eigentlichen Sinne, wie man es heute im Hinblick auf die östlichen Methoden meint. Sie wird auch in den Exerzitien nicht ausgeschlossen. Auch dort gibt es ein mehr oder weniger passives Verhalten. Ein Beispiel wurde schon erwähnt. Aber im allgemeinen könnte man, was die Art der Betrachtung bzw. Meditation betrifft, in einem richtigen Sinne sagen: Wo die Exerzitien aufhören, fängt das Zazen an. Es ist doch bezeichnend, daß Ignatius erst bei der Schlußbetrachtung – über die Gottesliebe – ausdrücklich sagt, man dürfe auch eine andere, vielleicht bessere Art als die von ihm angegebene wählen. Freilich wäre Ignatius in seinen Worten vielleicht weniger zurückhaltend gewesen, wenn er nicht die unangenehmen Erfahrungen mit der Inquisition gehabt hätte. Es ist daher auch möglich, daß jemand, der die Exerzitien zu wiederholten Malen macht, das Denken mehr und mehr zurückstellt und sich allmählich passiv verhält.

Aber im Anfang ist das in den Exerzitien nicht der Fall.

3) Dann ist da ein Punkt, in dem die beiden Wege voneinander verschieden sind: Inwieweit ist es anzuraten, die Exerzitien bzw. die Zen-sesshin zu wiederholen? Wer die Ignatianischen Exerzitien so, wie sie ursprünglich gemeint sind, einmal gemacht und sich dabei endgültig für den Ordensstand entschieden hat, kann sie sinnvoll nicht so wiederholen. Die Betrachtungen über das Leben und Leiden Christi und manche andere kann man natürlich mit Frucht immer wieder machen. Das gilt jedoch nicht in gleicher Weie für die Wahlbetrachtungen. Denn die Wahl ist entschieden. Wohl kann man die dort vorgelegten Gedanken zur Festigung im Beruf mit Nutzen erneut erwägen.

Im Zen liegt die Sache anders. Selbst wenn einer die Erleuchtung erlangt hat, kann er und soll er die

Übungen fortsetzen, und zwar genau so, wie er sie bisher gemacht hat. Denn die Erleuchtung ist auf diesem Wege nur ein Anfang. Sie ist kein Entschluß, sonder ein Sich-Öffnen oder ein intuitives Erfassen der letzten Wirklichkeit. Aber sie muß noch ausgewertet werden. Der Mensch muß umgewandelt werden, bis alle Gedanken, Worte und Werke unmittelbar von der letzten Wirklichkeit her bestimmt werden. Bei diesem Bemühen aber ändert sich das Zazen überhaupt nicht. Auch in den Sesshin tritt keine wesentliche Änderung ein. Man könnte sich den Unterschied zwischen beiden Wegen so vorstellen: Bei den Exerzitien zum Zwecke der Berufswahl geht es um eine horizontale Bewegung auf ein bestimmtes Ziel hin. Wenn dieses erreicht ist, soll man natürlich sein Leben entsprechend umstellen, und diese Umstellung soll auch beständig vollkommener werden. Aber es ist dann doch nicht mehr wie vorher, als man das Ziel noch nicht erkannt hatte. Dagegen muß man sich beim Zen die Bewegung von vornherein vertikal vorstellen. Sie geht in den Seelengrund, tiefer und tiefer. Dabei gibt es keine Grenzen. Dort gibt es keine Gedanken, sondern es herrscht das Schweigen, das immer vollkommener wird. Daher wird man auch kaum jemandem raten, die Exerzitien etwa jeden Monat oder noch öfter zu machen. Das ist jedoch bei den Zenübungen auch als Sesshin ganz normal und geschieht in vielen Zenklöstern. Im koreanischen Zen hält man Sesshin von drei Monaten, wobei fast ohne Unterbrechung meditiert wird. Doch wäre es ein Irrtum, zu meinen, daß die Zenübungen keine Beziehung zum täglichen Leben hätten; das Gegenteil geht schon aus den oben genannten Wirkungen hervor.

Wenn die Zenmeister immer wieder mahnen, das Zazen nach der Erleuchtung nicht aufzugeben, so geschieht das auch mit Rücksicht auf den Mitmenschen.

4) Es bestehen Unterschiede in der persönlichen Führung bei den Exerzitien und beim Zen. Die Führung in den Exerzitien steht in engster Beziehung zu der Unterscheidung der Geister. Die Regeln, die Ignatius dafür zusammengestellt hat, sind in erster Linie für »den, der die Exerzitien gibt«, wie Ignatius sich ausdrückt. Wir möchten uns jedoch an dieser Stelle auf einige prinzipielle Punkte beschränken und später eigens und ausführlicher über diese Regeln sprechen. Auch im Zen gibt es Richtlinien für den Meister, die auf Tradition und Erfahrung beruhen. Trotzdem ist die Situation verschieden, schon allein deshalb, weil die Weltanschauung eine andere ist. Wir dürfen uns deswegen nicht zu sehr an die Worte halten, sondern müssen auf den Sinn zurückgehen, der den Worten zugrundeliegt. Wenn wir ›Unterscheidung der Geister‹ im Sinne von Unterscheidung zwischen richtig und falsch, vorteilhaft und schädlich oder gefährlich nehmen, so ist die ›Diskretion‹ auch bei den Zenübungen wichtig. Um ein guter Zenmeister zu sein, muß man vor allem die Gabe der Unterscheidung haben. Aber es gibt doch Unterschiede in der Führung, ebenfalls im Zweck und Gegenstand der Unterscheidung.

Bei Ignatius liegt die Vorstellung zugrunde, daß sowohl Gott als auch der böse Feind – Satan – um jede Seele ringen. Satan sucht zu verhindern, daß die Seele zu Gott kommt, und falls sie bereits auf dem Wege zu ihm ist, sucht er sie davon abzubringen. Nun ist es freilich wahr, daß auch den Buddhisten eine solche Vorstellung nicht einfach fremd ist. Es wird schon von Buddha erzählt, daß er vom Teufel versucht wurde. Ferner spricht man im Zen auch heute noch viel von ›Makyo‹, was wörtlich ›Geisterwelt‹ heißt. Damit sind Visionen und andere Phänomene gemeint, die während des Zazen auftreten und die Meditierenden irreführen können. Trotzdem ist die Handhabung solcher Probleme doch in mancher Beziehung verschieden. Wenn sich z. B. in den Exerzitien jemand angetrieben fühlt, schwere Bußwerke zu tun, zu fasten und Nachtwachen zu halten, so muß der Exerzitienmeister zusehen, ob dieses Verlangen von Gott eingegeben ist oder etwa von einem dem Exerzitanten vielleicht unbewußten Verlangen nach Anerkennung. Wenn der Übende glaubt, eine Vision gehabt zu haben, dann geht es darum, zu entscheiden, ob diese (vermeintliche[?]) Vision von Gott (wenigstens indirekt) kommt oder ob sie ein reines Phantasiegebilde ist. Beim Zen dagegen gilt immer die Regel, daß sich der Schüler auf keinerlei Regung oder Phänomen einlassen darf. Er soll auch nicht versuchen, herauszufinden, woher sie kommen. Im Zen wird diesem Problem sozusagen die Spitze abgebrochen. Denn was auch immer der Ursprung dieser Phänomene sein mag, sie werden zum Hindernis der Erleuchtung, wenn man sich darauf einläßt. In diesem Sinne also bedarf es im Zen keiner Unterscheidung der Geister. Wohl aber ist die Unterscheidung notwendig zwischen dem, was mit Rücksicht auf das Ziel des Zen frommt, und dem, was hindert. Dafür ist der Zenmeister da, und von seinen Schülern wird unbedingter Gehorsam gefordert. Es ist keine Übertreibung, zu sagen, daß die Zenmeister eine erstaunliche Kenntnis der menschlichen Seele entwickelt haben. Mit großer Sicherheit und Geschicklichkeit leiten sie ihre Schüler an den Klippen des geistlichen Lebens vorbei, die doch wiederum zum größten Teil dieselben sind wie in der christlichen Spiritualität. Das fällt jedem auf, der die letztere kennt und von dort her dem Zen begegnet.

Wenn es sich jedoch um eine Erfahrung handelt, die möglicherweise eine Erleuchtung ist oder von der der Schüler meint, daß es so sei, dann muß der Meister die Sache prüfen. Selbst wenn er dem Schüler das Ergebnis nicht gleich mitteilt, muß er sich ein Urteil bilden, da er den Schüler entsprechend leiten muß. Da das oft schwierig ist, hat man im Zen ein System zur Prüfung der Erleuchtung erfunden, dessen Handhabung allerdings viel Erfahrung voraussetzt. In dieser Beziehung besteht ein großer Unterschied gegenüber der christlichen Seelenführung. Dort gibt es kein System für die unmittelbare Prüfung der Echtheit einer mystischen Erfahrung, was der Parallelfall wäre. Hier kommt es einzig darauf an, wie sich die Erfahrung im Leben auswirkt. Wenn der Exerzitant zunimmt an echter Tugend, besonders an Demut und Nächstenliebe, so gilt das als das beste Zeichen, wenn auch nicht als strikter Beweis für die Echtheit der Erfahrung. In der christlichen Erfahrung wird eine solche Feststellung auch gar nicht als notwendig erachtet. Zur Sprache kommt diese Frage allenfalls bei Untersuchungen im Zusammenhang mit der Seligsprechung eines im Rufe der Heiligkeit verstorbenen Menschen. Freilich ist für die letzte Entscheidung in einem solchen Prozeß die Tatsache mystischer Erfahrungen des Betreffenden nicht unbedingte Voraussetzung.

Nach dem Gesagten könnte man vielleicht meinen, daß die Führung im Zen, abgesehen von der Prüfung einer Erleuchtung, höchst einfach und nicht einmal notwendig sei. Das wäre jedoch ein großer Irrtum. Denn die Einstellung, sich auf nichts einzulassen, immer aufrechtzuerhalten ist keine leichte Sache. Immer wieder gleitet der Schüler vom Wege ab und merkt es vielleicht gar nicht. Da muß der Meister immer wieder eingreifen und korrigieren. Aber es kommt noch etwas hinzu, was vielleicht sogar noch wichtiger ist. Der Meister kann nämlich durch geschickte Führung den Schüler viel schneller zur Erleuchtung bringen, als es sonst möglich wäre. In vielen Fällen käme der Schüler niemals dazu, wenn er ganz auf sich selbst angewiesen wäre.

Nun bleibt noch auf einen anderen Unterschied hinzuweisen, der vielleicht der wichtigste ist, was die Führung durch den Zenmeister anbelangt. Er ergibt sich aus der Tatsache, daß Zen eine Initiation darstellt. Das soll heißen: Der Meister soll dem Schüler dazu verhelfen, sich eines ganz anderen, unsichtbaren und ewigen Seins oder Lebens bewußt zu werden, das ihm normalerweise nicht bewußt ist. In der christlichen Spiritualität würde die Parallele darin bestehen, daß der Seelenführer den Exerzitanten zur mystischen Erfahrung zu führen hätte. Das aber ist nicht der Zweck der Geistlichen Übungen. Daraus folgt aber notwendigerweise, daß das Verhältnis von Meister und Schüler ein anderes ist. Das ersieht man schon aus der ›Vorbemerkung‹, die unmittelbar vor der ersten Woche gemacht wird. »Damit beide, sowohl der, welcher die Exerzitien gibt, wie der, welcher sie macht, mehr mitarbeiten und Fortschritte machen können, muß vorausgesetzt werden, daß jeder gute Christ bereitwilliger sein soll, die Behauptung des Nebenmenschen in günstigem Sinne zu deuten, als sie zu verurteilen. Vermag man sie aber nicht zu rechtfertigen, so frage man, wie er sie verstehe, und versteht er sie in üblem Sinne, so weise man ihn mit Liebe zurecht. Und reicht das nicht aus, so wende man alle angemessenen Mittel an, auf daß er sie richtig verstehe und sie so aufrechterhalten könne« (l. c. S. 37). Was im ersten Satz gesagt wird, gilt grundsätzlich auch im Zen. Wenn jedoch der Schüler einen Meister gefunden hat und von diesem angenommen ist, dann muß er ihm bedingungslos folgen. Denn es geht ja darum, sich einer Dimension bewußt zu werden, die er noch nicht kennt und die sich durch ein Gespräch nicht erklären läßt. Denn wenn das möglich wäre, so hieße das dieselbe in jene Dimensionen, die dem Schüler bereits bewußt sind, zu integrieren, was offenbar ein Widerspruch ist. Diese Art der Führung fordert vom Meister eine außergewöhnliche Intuition und vom Schüler ein unbegrenztes Vertrauen. Man versteht, daß der Meister, um seine Aufgabe zu erfüllen, selbst die Erleuchtung haben muß. Über diese Art der Führung wäre natürlich noch manches zu sagen. Aber es kommt uns zunächst darauf an, die Unterschiede zwischen beiden Wegen festzustellen.

5) Es besteht ein maßgebender Unterschied insofern, als die Exerzitien zu einem persönlichen Engagement mit Christus führen. Das ist echt christlich und überdies in einem gewissen Sinne

spezifisch ignatianisch. Dabei ist nicht nur Christus als der Logos oder der auferstandene Christus gemeint, sondern auch der historische Jesus von Nazareth. Das ist bei Ignatius von der ersten bis zur vierten Woche unzweifelhaft klar. Jesus ist für Ignatius nicht nur eine Person, die vor zweitausend Jahren gelebt hat und die nur noch in der Erinnerung fortbesteht. Im dritten Grad der Demut wird dieses Engagement bis zur ›heiligen Torheit‹ vorangetrieben. – Selbstverständlich wird niemand den Christusgedanken im Zen suchen. Aber man könnte fragen, ob Buddha in ähnlicher Weise im Mittelpunkt eines Sesshin steht. Aber auch das ist nicht der Fall. Im Gegenteil, der Altmeister Rinzai sagt: »Wenn dir der Buddha begegnet, so töte den Buddha!«, und ferner: »Wenn dir deine Ahnen begegnen, oder Vater und Mutter, so töte sie«, usf. Das soll heißen: Man darf im Zen an keinem, auch nicht am besten Gedanken haften bleiben. Aus dem Gesagten dürfte das auch ohne weitere Erklärung verständlich sein. Damit ist nicht ausgeschlossen, daß ein Zenmeister im übrigen eine große Verehrung für Buddha hat, was sogar das Normale ist. Trotzdem würde uns eine ähnliche Sprechweise wie die Rinzais im christlichen Bereich wie Blasphemie vorkommen. Und doch ist man versucht, in diesem Zusammenhang Meister Eckhart zu zitieren, der sagt, man müsse Gott um Gottes willen lassen, d. h.: Wenn man Gott erkennen will, wie er wirklich ist, so muß man sich zuerst von allen Begriffen freimachen. Denn Gott ist in Wahrheit überbegrifflich. Allerdings kommt bei Eckhart noch seine besondere Auffassung von dem Verhältnis zwischen den göttlichen Personen und dem Wesen Gottes hinzu, worauf wir nicht eingehen können. Bezüglich des Zen wäre noch zu sagen, daß die Sache ein anderes Gesicht bekommt, wenn man Buddha als etwas Überpersönliches, als die ›Buddhanatur‹, nimmt, die ja bekanntlich im Zen eine wesentliche Rolle einnimmt. Während des Zazen soll aber auch an sie nicht gedacht werden.

6) Es gibt noch andere Verschiedenheiten, die sich aus der obigen Darstellung der beiden Wege von selbst ergeben, und die wir daher nur der Vollständigkeit halber kurz erwähnen möchten. Im Zazen gibt es, wie gesagt, kein Thema. Aber es sollen auch keine Erwägungen angestellt werden, wie das z. B. bei Ignatius in den auf die Meditationen folgenden Zwiegesprächen geschieht. Das heißt freilich nicht, daß während der Meditation im Zen nichts geschieht. Es geschieht sogar sehr viel, das sich auch auf das tägliche Leben und die Beziehung zum Mitmenschen ohne weiteres auswirkt.

Bei den Exerzitien hören wir immer wieder von Gebet. Je nach dem Inhalt der Betrachtung wird vorher um eine bestimmte Erkenntnis oder/und die Kraft gebetet, das Erkannte auszuführen. Gebet in dieser Form würde differenziertes Denken erfordern und paßt daher nicht in den Rahmen der Zenkurse. Das Zazen hat keinen Inhalt. Es ist von vornherein Versenkungsweg, der in gerader Linie und ohne Abschweifungen zum Wesen des Menschen führen soll. Das Ich muß so passiv werden, als ob es nicht mehr dawäre. Es soll daher weder über Gut noch über Böse noch über Buddha gedacht werden.

Dazu kommt noch etwas anderes, das wenigstens für das japanische Zen gilt, wenn auch nicht in allen Zenhallen im gleichen Maße. Es ist die Atmosphäre der Strenge, die dort herrscht. Wer etwas falsch macht, wird nicht freundlich gemahnt, sondern hart gescholten oder sogar geschlagen. Leisetreten gibt es nicht. Widerworte werden schon gar nicht geduldet. Ein freundliches Wort hört man kaum. Der Anfänger bekommt leicht den Eindruck, daß es in der Zenhalle keine Güte und Liebe gebe. Dazu muß er große Schmerzen ertragen und darf sich nicht bewegen, bis die Zeit der Meditation abgelaufen ist, so daß ihm manchmal der Schweiß ausbricht. Andererseits werden keinerlei Härten im Sinne von Bußen auferlegt, wovon in den Ignatianischen Exerzitien oft die Rede ist. Man kann Zweifel daran hegen, ob es der Sache wirklich nützt, wenn die Strenge bis zu diesem Grade durchgeführt wird. Andererseits wird selbst ein Europäer, der das zum erstenmal mitmacht, unter der harten Schale bald einen süßen Kern entdecken. Er wird ein aufrichtiges und verständnisvolles Bemühen zu helfen finden, das nicht geringer, bisweilen sogar noch größer ist als in christlichen Kommunitäten.

Übereinstimmungen

1) Im äußeren Verlauf. Trotz aller Unterschiede gibt es doch auch viele Übereinstimmungen oder Ähnlichkeiten zwischen den Ignatianischen Exerzitien und dem Zen, speziell den Zenkursen. Freilich müssen wir die anfangs gemachte Einschränkung wiederholen, daß wir die Exerzitien so verstehen, wie sie Ignatius selbst gemeint hat. Da wäre an erster Stelle das Stillschweigen zu nennen, das in beiden Fällen streng beobachtet wird. Gemeinsame Aussprachen oder Gespräche zu zweien unter den Teilnehmern, wie sie in neuester Zeit – gewiß aus guter Absicht – bisweilen in den Exerzitien gehalten werden, kennt man in Zenkursen auch heute nicht. Dort besteht ein System von Zeichen mit Glocken, Gongs und Hölzern, die die jeweiligen Übungen eindeutig ankündigen, so daß keine Notwendigkeit zum Sprechen besteht, wenigstens solange alles seinen gewohnten Gang geht.

Man soll auch nicht sehen und hören wollen, was einen nichts angeht. Das gilt in den Exerzitien ebenso wie in den Zenkursen. Ignatius sagt z. B. vom Exerzitanten: »Dabei wird er nach dem gewöhnlichen Gang um so größere Fortschritte machen, je mehr er sich von allen Freunden und Bekannten und von jeder irdischen Sorge absondert, indem er z. B. seine Wohnung verläßt und sich eine andere Wohnung oder ein Zimmer wählt, um daselbst so zurückgezogen als möglich zu leben« (l. c. S. 35/6). Dafür gibt es drei Gründe: »Erstens, er erwibt sich ein nicht geringes Verdienst vor

Gott; zweitens, indem er infolge seiner Absonderung sein Denken nicht auf viele Dinge verteilt, sondern alle Sorge einem einzigen Gegenstand zuwendet, so benützt er seine natürlichen Kräfte in großer Freiheit, um eifrig zu suchen, was er so sehr verlangt. Drittens, je mehr seine Seele sich in Einsamkeit und Abgeschlossenheit befindet, desto geeigneter macht sie sich, ihrem Schöpfer und Herrn zu nahen und ihn zu erreichen, und je mehr sie ihn auf diese Weise erreicht, desto besser bereitet sie sich vor, von seiner göttlichen und höchsten Güte Gnaden und Gaben zu empfangen« (l. c. S. 36).

In den schon erwähnten Zusätzen heißt es unter anderem, das Letzte nach dem Schlafengehen und das Erste nach dem Erwachen sollte der Gedanke an die nächste Meditation sein. In derselben Weise sollen die Zenschüler immer ihr Koan im Sinne haben, oder auf was sonst sie sich beim Zazen konzentrieren. Ignatius sagt weiterhin: »Ein oder zwei Schritte vor dem Platz, wo ich die Betrachtung oder Erwägung verrichten werde, will ich während der Dauer eines Vaterunsers stehenbleiben und, den Geist nach oben gerichtet, mir vorstellen, wie Gott, unser Herr, auf mich herabschaut . . . und dann will ich einen Akt der Ehrfurcht oder Verdemütigung erwecken« (l. c. S. 64). Auch der Zenmönch verbeugt sich in Ehrfurcht vor dem Platz, auf dem er beim Zazen sitzt. Er macht noch eine zweite Verbeugung, nämlich zu denen hin, die mit ihm zusammen meditieren.

Bekanntlich ist für das Zazen eine bestimmte Weise zu sitzen vorgeschrieben. Auch in den Exerzitien gibt es eine Regel für die Körperhaltung: »Wenn ich kniend das finde, was ich begehre, soll ich nicht eine andere Lage aufsuchen, desgleichen nicht, wenn ich, auf dem Boden ausgestreckt, das Gewünschte finde, und so fort« (l. c. S. 76). Während der Meditation soll man das Zimmer dunkel oder hell halten, je nachdem, wie es am besten zu dem Betrachtungsstoff paßt. Auch Zen hat die für das Zazen günstigste Beleuchtung gewählt, weder völlige Dunkelheit noch vollkommene Helligkeit, sondern gedämpftes Licht. Bei beiden Arten der Übung soll man darauf achten, daß man weder lachen noch andere zum Lachen reizen soll, usw.

2) Bezüglich der Meditation. Beide Wege haben gemeinsam, daß sie viel Zeit auf die Meditation verwenden. In den Zenkursen wird die Meditation den ganzen Tag fortgesetzt, wenn auch mit einigen Unterbrechungen. Ignatius schreibt: »Der Exerzitienmeister soll den Exerzitanten ernstlich mahnen, er möge, da er in jeder der fünf täglichen Übungen oder Betrachtungen eine Stunde lang ausharren muß, auch immer dafür sorgen, daß seine Seele zufrieden bleibe in dem Bewußtsein, eine ganze Stunde lang bei jeder Übung beharrt zu haben und eher noch etwas mehr als weniger. Denn der böse Feind pflegt nicht wenig dahin zu wirken, daß die Stunde einer solchen Betrachtung, Erwägung oder Gebetsübung abgekürzt werde« (l. c. S. 28/9). Im Zen fällt freilich, wie schon erwähnt, die für den Exerzitienmeister vorgeschriebene kurze Darlegung des Betrachtungsstoffes und der nachfolgende Rückblick fort.

Es wäre jedoch ein Irrtum, zu glauben, daß die Betrachtung oder Meditation in den Exerzitien nur nach der Betätigung des Verstandes gewertet würde. Denn wenn das der Fall wäre, so erschiene es widerspruchsvoll, auf der vollen Stunde zu bestehen, selbst wenn man nichts mehr zu denken hätte. Ignatius kannte offenbar den Wert einer Meditation, die auch unter diesen Umständen fortgesetzt wird. Das bestätigt die folgende Anweisung für den Exerzitienmeister: »Wenn der Exerzitienmeister gewahrt, daß in der Seele des Exerzitanten keinerlei geistige Bewegungen, wie z. B. Tröstungen oder Trostlosigkeiten, entstehen und daß er nicht durch verschiedene Geister erregt wird, so muß er ihn betreffs der Übungen eindringlich fragen, ob er sie zu den angesetzten Zeiten und wie er sie anstelle« (l. c. S. 26/7). Das besagt doch wohl, daß mit Sicherheit etwas geschieht, vorausgesetzt, daß die Exerzitien in der richtigen Weise gemacht werden, und weiterhin, daß das, was dann geschieht, wichtiger ist als das Ergebnis gedanklicher Überlegungen. Hier treffen sich die Ignatianischen Exerzitien mit dem Zen, wo etwas geschieht, gerade weil nicht gedacht wird.

Zusammenfassend können wir sagen: Wenn die Exerzitien gemäß der ursprünglichen Intention ihres Autors gemacht werden, so kommen sie den Zenübungen sehr nahe. Je mehr jedoch dabei gesprochen wird und die Zeit der Meditation gekürzt wird, desto weiter entfernen sie sich von den Zenkursen. Wir sollten nicht vergessen, daß Ignatius nicht nur durch die scholastische Schule der Philosophie und Theologie gegangen ist, wie es eben damals der Fall war, sondern auch und noch mehr ein begnadeter Mystiker war.

Was die Form der Betrachtung angeht, so ist oft darauf hingewiesen worden, daß sich bei Ignatius auch eine Art Meditation oder ein Gebet findet, das zugleich mit dem Rhythmus des Atems vollzogen wird. Es »besteht darin, daß man zu jedem Atemzug oder Atemholen innerlich betet, indem man ein Wort des Vaterunsers ausspricht oder eines anderen Gebetes, das gerade verrichtet wird, so daß zwischen dem einen und dem anderen Atemzug nur ein Wort gesprochen wird und in der Zwischenzeit von einem Atemholen zum anderen die Aufmerksamkeit hauptsächlich auf die Bedeutung dieses Wortes gelenkt wird« (l. c. S. 133). Man hat gelegentlich versucht, diese Art des Betens mit dem Zen in Beziehung zu bringen, etwa mit einer gewissen Art, sich auf ein Koan zu konzentrieren. Es besteht da wohl eine Parallele, insofern man den Atem, der ja auch im Zazen eine wichtige Rolle spielt, bei Gebetsübungen benutzt. Uns scheint jedoch der Unterschied in der Art der Benutzung erheblich größer. Im Programm der Exerzitien ist diese Art des Betens mit dem Atemrhythmus nicht berücksichtigt. Diese und andere Weisen sind dem Exerzitanten zur Verfügung gestellt, falls sie ihm nützen können. Vielleicht sind sie aber noch mehr als Vorübung für die eigentliche Betrachtung oder Meditation gedacht.

3) Es sollten noch einige Anweisungen für den Exerzitienmeister erwähnt werden, die an die von den Zenmeistern befolgte Praxis erinnern. So heißt es z. B. in einer der Vorbemerkungen: »Für den Exerzitanten ist es in der ersten Woche erspließlich, daß er nichts von dem erfährt, was er in der zweiten Woche zu tun hat, sondern daß er sich in der ersten um die Erlangung dessen, was er sucht, derart bemüht, als ob er in der zweiten Wo-

che nichts Gutes mehr zu finden hoffte« (l. c. S. 28). Auch der Zenmeiser soll dem Schüler niemals sagen, was möglicherweise in der Zukunft geschehen könnte; denn der letztere muß stets frei sein von allen Vermutungen solcher Art. Das ist übrigens der Grund dafür, daß manche Zenmeister sich gegen Veröffentlichungen von Erleuchtungserlebnissen ausgesprochen haben. Andere wieder sagen, eine solche Mitteilung sei gut, um andere zu ermutigen.

Eine andere Regel für den Exerzitienmeister sagt, er soll »nicht beabsichtigen, die eigenen Gedanken oder Sünden des Exerzitanten auszuforschen und kennenzulernen; wohl aber ist es sehr ersprießlich, daß er eine genaue Kenntnis von den Regungen und Gedanken erlange, welche die verschiedenen Geister jenem eingeben« (l. c. S. 32). Das gilt auch im Zen. Dem Zenmeister wird kein Sündenbekenntnis oder dergleichen abgelegt. Es geht einzig um die Meditation. Auch er muß in dieser Beziehung genau wissen, was in dem Meditierenden vor sich geht. Der Exerzitienmeister soll daher den Exerzitanten täglich besuchen. In den Zenkursen wird täglich drei- bis viermal Gelegenheit zur Aussprache mit dem Meister gegeben. So wird es wenigstens im Rinzai-Zen gehalten. Daß Soto eine andere Praxis hat, wurde schon erwähnt und in etwa erklärt. Eine weitere Anweisung für den Exerzitienmeister lautet: »Wenn der Exerzitienleiter sieht, daß der Exerzitant sich in Trostlosigkeit befindet oder versucht wird, so benehme er sich gegen ihn nicht hart und rauh, sondern mild und sanft, indem er ihm Mut und Kraft für die Zukunft einflößt« (l. c. S. 27). Ein Zenmeister wird trotz aller sonst im Zen herrschenden Strenge in derselben Lage das Gleiche tun, damit der Schüler nicht den Mut verliert und vielleicht sein Vorhaben aufgibt. Abgesehen davon ist die Härte der Zenmeister in Wirklichkeit Güte. Als der spätere Meister Rinzai, nachdem er in seiner Ausbildungszeit von Meister Obaku mehrere Male geprügelt worden war, ärgerlich zu einem anderen Meister ging und sich dort über Meister Obaku beklagte, sagte dieser: »Schämst du dich nicht, davongelaufen zu sein, wo doch Meister Obaku dich mit der Güte eines alten Weibleins behandelt hat?« In diesem Augenblick ging dem jungen Rinzai ein Licht auf, und er kam zur Erleuchtung. – Wenn der Exerzitienmeister dagegen sieht, »daß der Exerzitant sich im Zustand des Trostes befindet und mit viel Eifer vorangeht, so muß er ihn im voraus warnen, unüberlegt und übereilt ein Versprechen oder ein Gelübde zu machen« (l. c. S. 29). Noch viel weniger soll er versuchen, ihn von sich aus zu bewegen, den Ordensstand zu ergreifen. »Deshalb soll der Exerzitienmeister sich weder zur einen noch zur anderen Seite wenden und hinneigen, sondern, eine Waage gleich, sich in der Mitte halten und den Schöpfer mit dem Geschöpf und das Geschöpf mit seinem Schöpfer und Herrn unmittelbar verkehren lassen« (l. c. S. 31). Die hier vom Exerzitienmeister geforderte Haltung hat im Zen ihre Entsprechung. Man hat die Rolle des Zenmeisters bisweilen mißverstanden und ihm die Rolle eines Super-Ego untergeschoben, das den Bewußtseinszustand des Schülers wie ein Psychoanalytiker zunächst auf einen infantilen Zustand reduziert und ihm dann eine neue Weltanschauung aufzwingt. Auch die Ignatianischen Exerzitien sind in ähnlicher Weise mißverstanden worden. Sie seien, so sagte man, eine geschickte psychologische Methode, den Exerzitanten zu etwas zu bewegen, das er gar nicht wolle und das ihm unter Umständen großen Schaden zufügen könnte. Daß dem nicht so ist, dürfte aus dem angeführten Zitat ohne weiteres einleuchten. Zen lehnt jede Art von Argumentation ab. Zudem gibt es keine echte Erleuchtung, die aufgezwungen wäre. Der Meister kann dem Schüler auf dem Wege zur Erleuchtung viel helfen, aber aufzwingen kann er sie nicht. Sie muß von innen kommen. Das gehört zum ABC des Zen, über das sich alle Zen-Erfahrenen einig sind.

4) Die Regeln zur Unterscheidung der Geister. Von der Unterscheidung der Geister war schon wiederholt die Rede. Da die Regeln für die Exerzitien, besonders für den Exerzitienmeister, von zentraler Bedeutung sind, möchten wir etwas näher auf sie eingehen, soweit sie für den Vergleich mit dem Zen in Betracht kommen. Nach Ignatius' eigenen Worten sind es »Regeln, um einigermaßen die verschiedenen Regungen, die in der Seele hervorgerufen werden, zu gewahren und zu erkennen; die guten, um sie zuzulassen, die schlechten, um sie abzuweisen« (l. c. S. 163). Sie sind in zwei Gruppen aufgeteilt, in Regeln für die erste Woche und Regeln für die zweite Woche. Der Grund für diese Einteilung liegt darin, daß nach der Überzeugung des Ignatius, der böse Feind je nach der Disposition der einzelnen Seele eine verschiedene Taktik anwendet. Es wird hier stillschweigend vorausgesetzt, daß der Exerzitant in der ersten Woche noch wenig oder gar keine Erfahrung im geistlichen Leben hat und auch noch nicht mit dem

Problem der Sünde fertig ist. Sinngemäß könnte man die erste Gruppe als Regeln für solche bezeichnen, die noch einen harten Kampf gegen die Versuchungen zur Sünde zu führen haben, und die zweite Gruppe als Regeln für solche, die jene Stufe erreicht haben, die für den Eintritt in die zweite Woche erforderlich ist.

Regeln für die erste Woche

In der ersten Regel heißt es: »Denen, die von einer Todsünde zur anderen schreiten, pflegt der böse Feind gewöhnlich scheinbare Freuden vor Augen zu führen, indem er bewirkt, daß sie sich sinnliche Genüsse und Lüste vorstellen, damit er sie um so mehr in ihren Lastern und Sünden erhalten und weiterführe. Der gute Geist hingegen befolgt bei solchen Personen das entgegengesetzte Verfahren, indem er sie ständig schreckt und ihnen durch die innere Stimme der Vernunft Gewissensbisse verursacht« (l. c. S. 163). Mit anderen Worten: Wer sich in seinem sündhaften Leben zufrieden und ruhig fühlt, der täuscht sich. Sein Frieden ist nicht echt und wird ihm einmal zum Verderben sein. Wer dagegen Reue und Verlangen fühlt, von seinen Sünden loszukommen, und keine Ruhe findet, bis er sich von der Sünde losgesagt hat, der ›liegt richtig‹.

Die zweite Regel: »Bei denen, die eifrig bestrebt sind, sich von ihren Sünden zu reinigen und im Dienste Gottes, unseres Herrn, vom Guten zum Besseren aufzusteigen«, bemüht sich der böse Geist, die Seele zu beunruhigen, damit sie nicht weiter voranschreite. »Dem guten Geist hingegen ist es eigen, der Seele Mut und Kraft zu spenden, indem er alles leicht macht, damit sie im Gutestun immer weiter fortschreite« (l. c. S. 164). Hier ist die Ruhe echt, und der Mensch soll sich nicht beunruhigen lassen. In den folgenden zwei Regeln ist vom geistlichen Trost und der Trostlosigkeit die Rede. »Trost nenne ich es, wenn in der Seele eine innere Regung geweckt wird, wodurch die Seele in der Liebe ihres Schöpfers und Herrn entbrennt, und wenn sie demzufolge kein geschaffenes Wesen auf dem Antlitz der Erde um seiner selbst willen, sondern nur im Schöpfer aller Dinge zu lieben vermag« (l. c. S. 164). Demgegenüber wird Trostlosigkeit alles genannt, »was dem in der dritten Regel Gesagten entgegengesetzt ist, wie Finsternis der Seele, Verwirrung in ihr, Hinneigung zu niederen und irdischen Dingen« (l. c. S. 165). Jeder Mensch, der einen religiösen Glauben hat und sich eifrig bemüht, danach zu leben, kennt diese beiden Stimmungen, wenn er sie auch gemäß seiner Weltanschauung mit anderen Worten ausdrückt.

Die fünfte Regel gibt einen Rat, der zu jeder Zeit Anwendung findet: »Zur Zeit der Trostlosigkeit soll man niemals eine Änderung treffen, sondern fest und beharrlich bei seinen Vorsätzen und der Willensentschließung bleiben, die man an dem der Trostlosigkeit vorhergehenden Tage getroffen hatte, oder auch bei der Willensentschließung, die man zur Zeit des vorausgegangenen Trostes gefaßt hatte« (l. c. S. 165). Der Grund dafür ist, daß man zur Zeit des Trostes mehr vom guten Geist geführt wird und während der Trostlosigkeit mehr unter dem Einfluß des bösen Geistes steht. Kein Zenmeister würde z. B. seinem Schüler raten, die Zenübungen aufzugeben, während er in einer schlechten Stimmung ist.

In der folgenden sechsten Regel wird im Gegenteil geraten, zu solchen Zeiten eher sein Verhalten zu ändern, »indem wir gegen die Trostlosigkeit selbst vorgehen, z. B. dadurch, daß wir eifriger das Gebet, die Betrachtung pflegen, und uns viel erforschen« (l. c. S. 166/7). Man wird dann oft herausfinden, daß kein Grund zur Trostlosigkeit vorliegt, oder eine Sache, die man beheben kann und sollte. Daß man in solcher Zeit seinen Eifer verdoppelt, werden auch die Zenmeister anraten. Über die Gründe zu reflektieren, werden sie während des Sesshin nicht raten. Andererseits ist im Zen die Gruppe, in der man bei solchen Gelegenheiten meistens übt, eine große Hilfe.

In der siebenten Regel wird geraten, solche Schwierigkeiten als Prüfung aufzufassen, damit man zeige, was man leisten kann, und dabei zu bedenken und zu vertrauen, daß man immer genug Kraft bekommt, durchzuhalten. Solche Prüfungen sind auch im Zen nicht selten. Die Zenmeister sind dann eine große Hilfe, darüber hinwegzukommen.

Die achte Regel fügt hinzu, daß man daran denken soll, daß auch wieder Tage des Trostes kommen. Das ist wohl eine Regel, die jeder Seelenführer und Zenmeister kennt.

In der neunten Regel werden drei Gründe für die Trostlosigkeit angeführt: »a) weil wir lau, träge und nachlässig in unseren geistlichen Übungen sind und so wegen unserer Fehler der geistliche Trost uns fern bleibt; b) weil Gott uns prüfen will, wieviel wir vermögen und wie weit wir in seinem Dienst fortschreiten ohne Trost; c) daß wir inne werden, daß es nicht in unserer Macht steht, große

Andacht, überwallende Liebe zu erlangen« (vgl. l. c. S. 166/7).

Der erste Grund hat offenbar allgemeine Geltung, er gilt im Zen genauso wie in den Exerzitien; auch der zweite, da es auch im Zen eine harte Prüfung geben kann. Das hat schon mancher erfahren, so sehr, daß er meinen könnte, alles was er bisher getan hat, sei umsonst gewesen. Aber auch der dritte Grund besitzt seine Geltung: denn auch im Zen erfährt man oft, daß man gerade da, wo man es am wenigsten erwartet hatte, in eine tiefe Ruhe und Geborgenheit kommt, so daß man meint, man könne die Meditation beliebig lange fortsetzen, ohne zu ermüden.

Gemäß der zehnten Regel sollen wir uns zur Zeit des Trostes überlegen, wie wir uns zur Zeit der Trostlosigkeit verhalten sollten. Nach der elften Regel sollen wir uns zur Zeit des Trostes verdemütigen und bedenken, wie wenig wir zur Zeit der Trostlosigkeit vermögen. Dieses Auf und Ab, Licht und Schatten gibt es auch im Zen, und der Zenmeister gibt dann ähnliche Ratschläge. In den drei Regeln, die noch folgen, wird gezeigt, daß Furcht schwächt, während Mut Kraft gibt. Ferner wird darauf hingewiesen, daß es in schwierigen Situationen viel hilft, sich beim Seelenführer auszusprechen. Diese Erfahrung macht wohl jeder Zenschüler in der Begegnung mit dem Zenmeister, die deswegen auch in hohem Maße das Vertrauen ihrer Schüler besitzen. Es ist erstaunlich, wie diese oft sehr kurzen Begegnungen einen stärken können. Schließlich werden wir in diesen Regeln gemahnt, daß wir unsere Schwächen kennenlernen; denn in diesen werden wir zuerst versucht. Zazen hat eine einzigartige Kraft, zur Selbsterkenntnis zu verhelfen. Es ist in gewissem Sinne eine Analyse, die die verborgenen Falten des Unbewußten aufdeckt.

Regeln für die zweite Woche

Welche Voraussetzungen bei den Exerzitanten für die Anwendung dieser Regeln erfüllt sein müssen, wurde schon herausgestellt. Bei einem Teilnehmer an einem Zenkurs würde dem die Einstellung entsprechen, daß er sich aufrichtig bemüht, sich ganz dabei einzusetzen, um ein vollkommener Mensch zu werden, und daß er auf diesem Wege schon einigermaßen fortgeschritten ist. Wenn jemand, mag er Christ sein oder nicht, nicht die genannten Voraussetzungen erfüllt, sollten ihm diese Regeln nicht gegeben werden. Denn er wird sie nicht verstehen und vielleicht Schaden leiden, wenn er sie liest und anzuwenden versucht. Obwohl sie ebenso wie die der ersten Woche in der christlichen Auffassung begründet sind, so wird doch auch ein weitherziger Zenmeister sie anerkennen können, wenn er ihnen auf den Grund geht. Wir wollen versuchen, das etwas näher darzulegen.

In der ersten Regel heißt es: »Es ist Gott und seinen Engeln bei ihren Anregungen eigen, wahre Fröhlichkeit und geistliche Freude mitzuteilen und alle Traurigkeit und Verwirrung, die der böse Feind der Seele einflößt, zu verbannen. Diesem dagegen ist es eigen, gegen solche Fröhlichkeit und geistliche Tröstung anzukämpfen, indem er Scheingründe und ständige Trugschlüsse anwendet« (l. c. S. 170). Auch im Zen gelten echtes Glücksgefühl und geistliche Freude als gutes Zei-

chen. Es ist ein Zeichen für Zanmai (tiefe Sammlung). Was die Scheingründe und Spitzfindigkei-
ten angeht, die auftreten können, so läßt sich Zen
von vornherein nicht auf sie ein, ohne sie überhaupt näher zu untersuchen. Diese Regel ist übrigens in der ganzen christlichen Spiritualität von
sehr großer Bedeutung.

Die zweite Regel sagt: »Gott, unserem Herrn,
allein kommt es zu, der Seele ohne vorausgehende
Ursache Trost zu spenden. Ich sage ›ohne Ursache‹, d. h. ohne irgendwelche vorhergehende
Wahrnehmung oder Erkenntnis eines Gegenstan-
des, wodurch die Seele eine derartige Tröstung
mittels der eigenen Verstandes- und Willensakte
zuteil würde« (l. c. S. 170/7). Auch diese Regel hat
eine Entsprechung im Zen. Auch da ist die Unterscheidung zwischen dem zu treffen, was von den
eigenen Wahrnehmungen und Gedanken herkommt, und dem, was aus einer anderen Sphäre
kommt. Zen ist überhaupt nicht an dem interessiert, was von der Ego-Sphäre herkommt, es
schließt es von vornherein aus. Auch die Erleuchtung kommt nicht aus dieser Sphäre. Sie kommt
niemals als ein Ergebnis des Denkens. Merkwür-
digerweise löst sie sich meistens in Verbindung mit
einer Sinneswahrnehmung aus, die jedoch nicht
als die Ursache der Erleuchtung angesprochen
werden kann. Auch kann man sie nicht manipulie-
ren. Ein Zenmeister nannte sie aus diesem Grunde
›Gnade‹.

Die dritte Regel greift den Gedanken der zweiten wieder auf: »Mittels einer vorhergehenden Ursache vermag ebenso der gute Engel wie der böse
die Seele zu trösten, jedoch zu entgegengesetzten
Zwecken« (l. c. S. 171). Der erstere bemüht sich

um den wahren Fortschritt der Seele in der Tugend; der letztere sucht sie zu seiner verworfenen Absicht und Bosheit hinzuzerren. Im Zen besteht hier keine Notwendigkeit für eine Unterscheidung, weil dort jede Überlegung und Planung untersagt ist. Aber es kann trotzdem nützlich sein, diese Untergründe des Geistes zu kennen. Es wird auf diese Weise leichter, auf solche Gedanken zu verzichten.

Das Gesagte gilt auch für die vierte Regel: »Dem bösen Engel, der sich in einen Engel des Lichtes wandelt, ist es eigen, mit der frommen Seele einzutreten und mit sich selbst wieder auszutreten, d. h. er pflegt erst gute und heilsame Gedanken einzuflößen, und dann versucht er langsam beim Weggehen, die Seele in seine . . . schlechten Absichten hineinzuziehen« (l. c. S. 171). Auch dagegen schützt sich das Zen durch die Regel, sich auf keinen Gedanken einzulassen, gleichgültig, ob er gut oder böse ist.

Die fünfte Regel schließt die Schlüsse aus dem Gesagten: »Wir müssen sehr achthaben auf den Verlauf unserer Gedanken; sind der Anfang, die Mitte und das Ende durchaus gut und auf etwas völlig Gutes gerichtet, so ist dieses ein Kennzeichen des guten Engels« (l. c. S. 172). Zen spricht in diesem Zusammenhang nicht von dem ›bösen Feind‹, sondern von der Rückseite des Geistes, die wir meistens nicht kennen. Aber es ist gerade eine typische Wirkung der Zenmeditation, daß sie das geistige Auge für diese ›Seite‹ schärft.

Die sechste Regel sagt uns, was man tun soll, nachdem man den Feind der menschlichen Natur an seinem Schlangenschweif und an dem schlechten Ziel, zu dem er führt, wahrgenommen und erkannt hat (l. c. S. 172). Dann nämlich »ist es für den, der von ihm versucht wurde, von Nutzen, sofort danach den Verlauf der guten Gedanken, die er eingab, zu überdenken, sowohl ihren Anfang als auch, wie der Feind sich bemühte, ihn von dem Zustand der inneren Wonne und geistlichen Freude, in der er sich befand, ganz allmählich herabsteigen zu lassen, bis er ihn schließlich zu seinem schlechten Vorhaben hinabzog. Im Besitz der so gewonnenen und beherzigten Erfahrung sei er künftig auf der Hut vor dessen gewohnten Trugkünsten« (l. c. S. 172/3). Wir werden uns erinnern, daß dieser Fall für Ignatius praktisch wurde, als er in Manresa erkannte, daß die schlangenartige Erscheinung, die er öfters gehabt hatte, eine Täuschung war. Ob wir all das nun einem bösen Geist oder anderen Ursachen zuschreiben, die in unserer menschlichen Natur wirken, so ist es auf jeden Fall ratsam, eine solche Überlegung über den Betrug bzw. Irrtum anzustellen, um daraus für die Zukunft zu lernen. Das gilt nicht nur für die Exerzitien und das Zen, sondern allgemein für jeden Menschen, der sich bemüht auf dem Weg der Vollkommenheit voranzukommen.

Auch die siebente Regel findet ihre Anwendung allgemein für jeden, der auf dem inneren Weg voranschreitet. Hier wird darauf hingewiesen, daß unsere eigenen Reaktionen auf die verschiedenen Regungen der Geister je nach unserer Disposition unterschiedlich sind. »Bei denen, die vom Guten zum Bösen fortschreiten, berührt der gute Engel die Seele süß, leicht und mild wie ein Wassertropfen, der in einen Schwamm eindringt, der böse Engel hingegen berührt sie scharf, laut und unruhig, wie wenn ein Wassertropfen auf Felsgestein fällt.« Dann heißt es weiter: »Die aber, die vom Bösen zum Schlechten voranschreiten, werden von den vorhin genannten Geistern auf die entgegengesetzte Weise berührt. Der Grund dafür liegt darin, daß die Verfassung der Seele den erwähnten Engeln entweder entgegengesetzt oder gleichartig sind« (l. c. S. 173). Eine ähnliche Beobachtung kann man schon im täglichen Leben machen. Wenn jemand versucht, irgendeine gute Sache durchzusetzen, so wird er in den meisten Fällen sehr verschiedene Reaktionen bei den Menschen hervorrufen, die er etwa zur Mitarbeit einlädt. Manche werden mit Begeisterung mitmachen; bei anderen wird er Ärger und vielleicht sogar Haß hervorrufen.

In der achten und letzten Regel wird wieder ein sehr wichtiger Punkt berührt. Auch wenn der Trost von Gott kommt und kein Zweifel über seine Echtheit besteht, ist folgendes zu beachten: »Gleichwohl muß die dem geistlichen Leben zugewandte Person, der Gott eine solche Tröstung mitteilt, mit großer Wachsamkeit und Aufmerksamkeit zuschauen und die eigentliche Zeit einer solchen Tröstung selbst wohl unterscheiden von der nachfolgenden Zeit« (l. c. S. 173). Die Anweisung will verhindern, daß man, eine Zeitlang nachher in Eifer und Trost, seine eigenen Gedanken mit der Erfahrung selbst vermischt und nicht bemerkt, daß sich dann Irrtümer einschleichen können. Diese Warnung gilt für den Zenschüler wie für einen Christen, der nach Vollkommenheit strebt und tiefer in das geistliche Leben eindringt. Selbstverständlich wissen das auch die Zenmeister. Sie haben einen guten Blick für diese Art von Unterscheidung bei ihren Schülern. Wenn z. B.

jemand eine Antwort auf ein Koan vorlegte, die er nicht selbst gefunden, sondern von jemand anders gehört hat, so bemerkt das der Meister sehr schnell und stellt dem Schüler andere Fragen ähnlicher Art, auf die ihm dann aber der Schüler die Antwort schuldig bleibt.

Es dürfte einleuchtend geworden sein, daß im Wesentlichen große Ähnlichkeit in der Führung durch den Zenmeister und durch den Exerzitienleiter besteht. Das ist auch nicht zu verwundern, da beide die menschliche Seele zu lenken haben. Diese gründlich und praktisch zu kennen, ist für beide von größter Bedeutung, von der eigenen Erfahrung in geistlichen Dingen ganz zu schweigen.

Fünftens sollte hier noch ein Wort über die grundsätzliche Übereinstimmung beider Wege in der Notwendigkeit persönlicher Leitung während der Übungen gesagt werden. Deren Bedeutung für die Exerzitien ersieht man schon daraus, daß die verschiedentlich zitierten Vorbemerkungen in erster Linie für den Exerzitienmeister geschrieben sind. Man kann sogar sagen, daß das ganze Büchlein der ›Geistlichen Übungen‹ ein Handbuch für den ist,'der die Exerzitien gibt. Freilich muß ein Exerzitienmeister für diese Aufgabe durch Veranlagung, Erfahrung und Studium qualifiziert sein.

Es wäre jedoch eine Übertreibung, zu sagen, daß niemand ohne Leitung diese machen dürfe und mit Nutzen auch nicht machen könne. Vorausgesetzt, daß jemand gut eingeführt ist, kann er sie je nach Veranlagung und Fortschritt im geistlichen Leben auch allein machen, und in vielen Fällen mit größeren Nutzen, als wenn er sie in einer Gruppe macht. Er kann sich dann eben ganz nach eigenen Bedürfnissen einrichten. Das gilt in erster

Linie für den Fall, daß er bereits den Ordensberuf ergriffen hat. Freilich ist es immer ratsam, sich während dieser Zeit einmal oder mehrmals mit einem in geistlichen Dingen erfahrenen Menschen auszusprechen.

Im Zen wird die Notwendigkeit des Meisters noch stärker betont. Die Gründe dafür wurden bereits dargelegt. Hinzukommt, daß die Sesshin meistens in Gruppen gehalten werden, was die Hilfe eines Zenmeisters noch erwünschter macht. Einzel-Sesshin sind sehr selten. Wenn irgend möglich, benutzt man eine Gelegenheit, es in einer Gruppe zu machen. Da ist es nicht nur leichter, die Strenge durchzuhalten, sondern auch andere Gründe sprechen dafür, wenn sich Leute finden, die bald zur Erleuchtung gelangen möchten, oder wenn man mit einem Koan arbeitet, so braucht es eben einen Meister. Die Qualifikation eines Meisters wird im Zen mehr betont als in den Exerzitien. Die Bedingungen, die dafür gefordert werden sind präziser. Die alte Regel ist, daß der Meister die Erleuchtung haben muß und daß diese Erleuchtung von einem Meister bestätigt sein muß, der selbst diese Erfahrung hat. Aber selbst das genügt noch nicht: Er muß auch als Meister anerkannt werden. Und bis dahin kann es Jahre dauern. Unterschiede auf diesem Gebiet wurden schon genannt.

Die Exerzitien
als Weg vollkommener Losschälung

Man hat gesagt, daß der Buddhismus unter allen Religionen den wirksamsten Weg zur Selbstentäußerung gefunden habe. Wenn das richtig ist, so gilt es besonders vom Weg des Zen. Es dringt bis in die letzten Winkel der Seele vor, um jede Anhänglichkeit an irgend etwas zu beseitigen. Für den Buddhismus ist das die notwendige Folgerung aus der Lehre der Wiedergeburt. Nach dieser Lehre geht der Prozeß der Wiedergeburt weiter, solange noch irgendeine Anhänglichkeit besteht. Denn Anhänglichkeit an die Dinge ist die einzige Ursache des Leidens. Erst wenn jede Anhänglichkeit verschwunden ist, werden die vollkommene Befreiung und das Eingehen ins Nirvana möglich.

Doch obwohl die ›Geistlichen Übungen‹ von der Basis einer anderen Lehre ausgehen, finden wir dort die gleiche Konsequenz im Streben nach vollkommener Losschälung. Das möchten wir etwas näher darlegen. Es sei aber noch einmal eigens daran erinnert, daß wir hier die Exerzitien meinen, wie Ignatius selbst sie gewollt hat.

Die Losschälung kommt schon in der Worterklärung zum Ausdruck, die in der ersten Vorbemerkung gegeben wird: Es handelt sich um Übungen, »die Seele vorzubereiten und instand zu setzen, damit sie alle ungeordneten Neigungen von sich entferne und nach deren Entfernung den göttlichen Willen suche« (l. c. S. 24).

Im ›Fundament‹ wird vollkommene Indifferenz gegenüber allen Geschöpfen verlangt, eine Einstellung, die wir auch im Zen fanden. Im Zwiegespräch nach der dritten Sündenbetrachtung in der ersten Woche werden drei Bitten ausgesprochen: »Erstens, daß ich eine tief innerliche Erkenntnis meiner Sünden und einen Abscheu davor in mir wahrnehme; zweitens, daß ich die Unordnung meiner Handlungen wahrnehme, damit ich sie verabscheuend mich bessere und mein Leben ordne; drittens, daß ich die Welt erkenne, damit ich das Weltliche und Eitle mit Abscheu von mir entferne« (l. c. S. 58/9). Diese Worte sprechen für sich selbst.

An mehreren Stellen wird von Buße gesprochen. In dem letzten der ›Zusätze‹ finden wir eine Art von Zusammenfassung darüber. Dort werden drei Gründe für die Buße angegeben. Einer davon ist: »damit die Sinnlichkeit der Vernunft gehorche und alle niederen Teile den höheren mehr unterworfen seien« (l. c. S. 68). In der ersten Woche ist von der besonderen und allgemeinen Gewissenserforschung die Rede. Einer der Gegenstände, über die man sich erforschen soll, ist die ungeordnete Anhänglichkeit an die Geschöpfe.

Die zweite Woche, die uns zum Höhepunkt der Exerzitien führt, stellt besonders strenge Anforderungen an das Ablegen der Anhänglichkeit. Das kommt in den Wahlbetrachtungen in unmißverständlicher Weise zum Ausdruck. In der Betrachtung vom Reiche Christi wird betont, daß diejenigen, welche sich im Dienste des göttlichen Königs auszeichnen wollen, gegen »ihre eigene Sinnlichkeit und gegen ihre Liebe zum Fleisch und zur Welt angehen« müssen (l. c. S. 72/3). Sie müssen mehr tun als das, wozu sie schon als Christen verpflichtet sind. Sie wollen nicht nur im Dienste des Königs jegliche Arbeit und Mühe übernehmen, sondern bieten sich an, Christus »nachzuahmen im Ertragen jeglicher Unbilden, jeglicher Schmach und jeglicher Armut, der wirklichen sowohl wie der geistlichen« (l. c. S. 73). Die Betrachtung von den Zwei Fahnen hat vor allem den Zweck, den Exerzitanten davor zu bewahren, daß er auf seinem Wege getäuscht wird. Das Problem ist unter dem Bilde Luzifers behandelt. Was immer man von dieser Darstellungsweise denken mag, die Gefahr ist richtig gesehen. Sie ist auf jeden Fall gegeben in der Anhänglichkeit durch die der Mensch so oft getäuscht wird. Nur wenn man frei ist von Anhaftung, sieht man die Dinge, wie sie sind. Die Betrachtung von den Drei Menschenklassen hat keinen anderen Zweck, als dem Exerzitanten die Augen zu öffnen und ihn vor Selbsttäuschung zu bewahren. Wir möchten hier noch einen Rat hinzufügen, den Ignatius im Anschluß an diese Betrachtung gibt für den Fall, daß man im Punkte Armut/Reichtum nicht indifferent ist: »So ist es zur Ausrottung einer solchen ungeordneten Anhänglichkeit von großem Nutzen, in den Zwiegesprächen – auch wenn es gegen das Fleisch sein sollte – darum zu bitten, der Herr möge einen zur wirklichen Armut auserwählen« (l. c. S. 93). Die Überlegung von den drei Graden der Demut geht in dieser Richtung noch einen Schritt weiter, denn dort werden selbst Wert und Belohnung als Motive eingeschlossen. Es ist jene Einstellung, die man bisweilen als die ›Losschälung von der Losschälung‹ bezeichnet hat.

In der ›Einführung zur Vornahme der Wahl‹, die auf die Wahlbetrachtungen folgt, warnt der Verfasser von neuem davor, sich von irgendwelcher Anhänglichkeit täuschen zu lassen. Er sagt, daß manche Menschen zunächst ihre Wahl fürs Leben gemäß irgendeiner ungeordneten Anhänglichkeit treffen, nachdem aber die Entscheidung getroffen ist, in diesem Stande Gott zu dienen wünschen. Dann fährt er fort: »Und so streben diese nicht geraden Weges zu Gott, sondern sie wollen, daß Gott geraden Weges ihren ungeordneten Neigungen entgegenkommt« (l. c. S. 99). Etwas später heißt es, wenn jemand eine Wahl, die sich nicht mehr ändern läßt, nicht in der richtigen Weise getroffen hat, z. B. das Priestertum oder den Ehestand erwählt habe, dann soll er seinen Fehler bereuen und versuchen, Gott in diesem Stande zu dienen. Dann aber sagt Ignatius: »Eine solche Wahl aber scheint, da sie eine ungeordnete und verkehrte Wahl war, kein göttlicher Beruf zu sein, wie viele es in dieser Beziehung irrig meinen, indem sie aus einer verkehrten oder aus einer schlechten Wahl einen göttlichen Beruf machen; denn jeder göttliche Beruf ist stets lauter und rein ohne Beimischung des Fleisches oder irgendeiner anderen ungeordneten Neigung« (l. c. S. 100/1).

Es folgt nun eine Beschreibung von »drei Zeiten, in derer jeder sich eine richtige und gute Wahl treffen läßt. Der erste Zeitpunkt ist vorhanden, wenn Gott, unser Herr, den Willen so beugt und anzieht, daß eine solche fromme Seele, ohne zu zweifeln oder auch nur zweifeln zu können, dem folgt, was ihr gezeigt worden« (l. c. S. 101). Es kann auch vorkommen, daß jemand auch ohne die Überzeugung, daß Gott es ist, der ihn ruft, von innen her, ohne eine ihm bewußte Ursache sich gedrängt fühlt und überzeugt ist, daß er dieses oder jenes tun muß oder nicht tun darf. Dann muß er auch dieser Weisung folgen und darf sich nicht aus Furcht oder wegen irgendeines Widerstandes davon abhalten lassen, diesem Ruf zu folgen. Es besteht keine Notwendigkeit, weitere Untersuchungen anzustellen. Es gibt natürlich auch Täuschungen bei einer subjektiv unzweifelhaften Überzeugung dieser Art. Man meint, daß der Anruf von Gott kommt, obwohl er in Wirklichkeit vom eigenen Ich kommt. In dieser ersten Wahlzeit wird vorausgesetzt, daß keine Täuschung vorliegt.

»Die zweite Zeit ist vorhanden, wenn man viel Klarheit und Erkenntnis empfängt auf Grund der Erfahrung von Tröstungen und Trostlosigkeiten sowie auf Grund der Erfahrung in der Unterscheidung der Geister« (l. c. S. 102). Diese Art der Entscheidung hat Ignatius selbst oft angewandt. Sie beruht auf der inneren Erfahrung, die er bereits auf dem Krankenlager in Loyola gemacht hatte. Allgemein gesagt, ist sie bedeutend häufiger als die erste, die selten klar und eindeutig ist. Als Beispiel für eine Entscheidung der ersten Art sei die Bekehrung des Paulus vor Damaskus genannt.

Die dritte Art ist ruhiger Art und besteht in Überlegungen, wie man sie auch sonst anstellt, wenn man in einer wichtigen Sache eine Entscheidung im Leben treffen muß. Jedoch ist auch sie mit viel Gebet verbunden. Im einzelnen werden dafür mehrere Ratschläge gegeben, von denen zwei wiedergegeben seien. Der erste lautet: »Ich stelle mir einen Menschen vor, den ich nie gesehen oder gekannt habe, und, indem ich ihm alle Vollkommenheit wünsche, überlege ich, was ich ihm anraten würde. Und mit mir selbst in gleicher Weise verfahrend, will ich die Regel einhalten, die ich für den anderen aufstelle« (l. c. S. 105). Die andere Weise ist folgende: »Gleich als befände ich mich in der Todesstunde, erwäge ich die Form und das Maß, die ich dann bei der Art und Weise der gegenwärtigen Wahl eingehalten zu haben wünsche. Und indem ich mich danach richte, will ich *jetzt* ganz und gar meine Entscheidung treffen« (l. c. S. 105). Offenbar soll auf solche und ähnliche

Weise jegliche ungeordnete Neigung ausgeschlossen werden. Endlich möchten wir noch auf die Mahnung hinweisen, die sich am Schluß der zweiten Woche findet: »Denn das soll ein jeder bedenken, daß er in allen geistlichen Dingen nur insoweit Fortschritte machen wird, als er sich von seiner Eigenliebe, seinem Eigenwillen und seinem Eigennutz freimacht« (l. c. S. 107). Bezüglich der dritten und vierten Woche ist hier nicht viel zu sagen. Wir brauchen uns nur daran zu erinnern, daß wir eins werden sollen nicht nur mit dem leidenden, sondern auch mit dem auferstandenen Christus. Das setzt nämlich voraus, daß das Ich, als Zentrum aller ungeordneten Anhänglichkeit und Neigung sozusagen verschwunden ist. Es wurde bereits darauf hingewiesen, daß die Freude in der vierten Woche eine ganz selbstlose Freude sein soll. Der Inhalt der letzten Betrachtung (oder besser Kontemplation) zur Erlangung der Gottesliebe ist mit dem bereits zitierten Aufopferungsgebet am Besten wiedergegeben: »Nimm dir, Herr, und empfange alle meine Freiheit . . .« (l. c. S. 125/6).

In diesem letzten Punkt des Vergleichs sollte gezeigt werden, daß auch die Exerzitien ein Weg zur vollkommenen Losschälung sind. Daß dem so ist, dürfte überzeugend deutlich geworden sein. Allerdings ist die Art und Weise, zu diesem Ziel zu gelangen, in vieler Beziehung vom Zen sehr verschieden. Das hängt zum Teil mit der Verschiedenheit der beiden Weltanschauungen zusammen. Daraus erklärt sich wohl auch, daß Ignatius immer von *ungeordneter* Anhänglichkeit oder Neigung spricht, während im Zen immer nur von Neigung oder Begierde die Rede ist, von denen man frei werden muß. Hier könnte die Frage gestellt werden, ob das Zen in der Losschälung weiter geht, als die Exerzitien. Wir sehen hier von theoretischen Überlegungen ab, obwohl sie naheliegen. Es geht uns um die Praxis, und da sind die beiden Wege tatsächlich parallel. Soweit die Praxis in Frage kommt, besteht nur ein Unterschied in der Ausdrucksweise. Auch das Zen bejaht das Natürliche und ist kein Quietismus. Es tötet die Gefühle nicht, sondern will nur, daß man über ihnen steht, will das gleiche wie Ignatius. Die angeführten Zitate bestätigen das. Es ist jene Einstellung, die aus den Worten des ersten Korinterbriefes sprechen. Paulus sagt dort: »Eins ist aber sicher, Brüder: Die Zeit, die noch vor uns liegt, ist kurz. So rate ich: Wer verheiratet ist, lebe, als wäre er von der Ehe frei! Wer traurig ist, lasse sich nicht von seiner Traurigkeit binden. Wer sich freut, verliere nicht viel Zeit mit seiner Freude. Wer einkauft, hänge sich nicht an seinen Besitz. Wem die (wirtschaftlichen, kulturellen, politischen und andere) Kräfte seiner Zeit zur Verfügung stehen, der achte darauf, daß er sie nicht ausbeutet. Denn die Welt mit allem, was sie ausmacht, geht vorüber« (1. Kor 7, 29–31). Doch die radikale Losschälung von allem ist weder in den Exerzitien noch im Zen Selbstzweck. In den Exerzitien führt sie dahin, den Willen Gottes zu erkennen und auszuführen, und sein Leben nach ihm zu ordnen. Im Zen ist sie Weg zur Erleuchtung und weiterhin zur vollkommenen Einheit mit dem Absoluten in allem Streben und Tun. So sind beide Wege ›Einübung in das wahre Sein‹.

Möglichkeiten
der beiderseitigen Ergänzung

Daß der unmittelbare Zweck der ›Geistlichen Übungen‹ des heiligen Ignatius und die Zen-Übungen nicht einfach dergleiche ist, darüber besteht kein Zweifel. Aber wir haben neben vielen Verschiedenheiten auch nicht wenige Übereinstimmungen gefunden. Darum ist wohl die Frage nach der Verbindung beider in irgendeiner Form berechtigt. So dürften zum Abschluß einige Gedanken zu diesem Problem am Platze sein. Eine eigentliche Synthese ist allerdings kaum möglich. Dafür ist das ›Denken‹ im einen und das ›Nicht-Denken‹ im anderen Falle zu zentral. Es hieße den Methoden Gewalt antun. Das gilt für die Exerzitien jedenfalls bei Anfängern. Im Laufe der Zeit tritt das Denken, wie gesagt, mehr und mehr zurück, und man könnte zwischendurch versuchen, anstatt zu betrachten, innerlich ganz still zu sein, wie es dem Zazen entspricht. Oder man könnte, anstatt ein Geheimnis nach verschiedenen Seiten zu erwägen, sich nach Art eines Koan darauf konzentrieren. Gar nicht zu reden von der Körperhaltung, die ja in den Exerzitien ohnehin freigestellt ist. Man könnte nach Bedarf die des Zazen benutzen. Es sei übrigens bemerkt, daß Ignatius bezüglich der Augen sagt, sie könnten geschlossen werden oder geöffnet auf einen festen Punkt gerichtet sein, wie es beim Zazen geschieht.

Man könnte und sollte sogar in dieser Richtung noch einen Schritt weitergehen, wenn gewisse Bedingungen erfüllt sind. Manche Menschen, die schon viel in der Art, wie es in den Exerzitien geschieht, meditiert haben, kommen bisweilen zum ›Gebet der Sammlung‹, d. h. in einen Bewußtseinszustand, indem sich die Seelenkräfte vereinigen und in tiefer Sammlung auf Gott gerichtet sind. Schon immer haben die christlichen Seelenführer die Auffassung vertreten, daß dies ein Zeichen der Berufung zum mystischen Gebet sei. Und sie sagen, daß solche Menschen dann nicht mehr in der gewohnten Weise betrachten, sondern sich bemühen sollten, den Blick einfach nach innen zu richten und sich dort zu sammeln. Bei diesem Bemühen könnte ihnen das Zen viel helfen. Dieselben Autoren sagen auch, daß man in diesem Falle seine Exerzitien nicht mehr wie bisher machen, sondern sich während der Betrachtungen einfach um die Sammlung bemühen soll. Seitdem das Zen auch von Christen geübt wird, haben manche in solchen Fällen anstatt an Exerzitien an einem Sesshin (Zenkurs) teilgenommen und dabei die Erfahrung gemacht, daß ihnen solch ein Kurs großen geistigen Gewinn schenkte und sie auf ihrem Wege zur Vereinigung mit Gott ein gutes Stück voranbrachte. Eine Frage, die auch schon gestellt wurde, ist die, ob man auf dem Wege des Zen eine Berufswahl oder eine andere gute Wahl treffen könne. Daß dies nicht der unmittelbare Zweck eines Sesshin ist, wissen wir. Aber bei einem Vergleich mit den Exerzitien ist die Frage doch berechtigt. Denn darum geht es ja in erster Linie bei den Exerzitien. Selbstverständlich ist das möglich. Aber es würde sich da eigentlich nicht um eine Kombination beider Wege handeln, sondern es ist ein anderer als der Weg der Exerzitien, wie er zunächst gemeint ist. Aber er hat auch im Christentum seine Parallele. Da wird die Entscheidung nicht durch Erwägen von Für und Wider herbeigeführt, sondern durch unmittelbare Intuition. Diesen Weg finden wir bei den Mystikern. Tauler sagt z. B., daß ›solch ein Mensch‹ ohne weiteres weiß, was er zu tun hat, worüber er predigen soll usw. Es ist ähnlich wie bei der ersten Wahlzeit, von der Ignatius spricht. Oder wenn der Mensch noch nicht so weit fortgeschritten ist, so kommt allenfalls die zweite Wahlzeit in Frage. Dann muß allerdings die Anwendung der Regeln zur Unterscheidung der Geister hinzugenommen werden. Auch im Zen ist es ein passiver Weg, auf dem die Entscheidung herbeigeführt wird. Praktisch würde man dazu ein Sesshin, allenfalls auch allein, halten, wobei man immer wieder in die Versenkung eintritt, bis einem die Wahl zufällt. Man muß dann freilich von jeder Anhänglichkeit frei sein. Es ist in jedem Fall ein weiter Weg, bis man ganz und gar und mit Sicherheit ohne Gefahr von Täuschung von innen her geleitet wird. Zen hat nun eben die Wirkung, den Menschen von seiner Anhänglichkeit frei zu machen. Es wird auch auf lange Zeit anzuraten sein, die Unterscheidung der Geister, im weiteren Sinne gemeint, anzuwenden und wo möglich auch einen erfahrenen Geistesmann zu befragen, bevor man die endgültige Entscheidung fällt.

Eine weitere Frage, auf die wir bei einem Vergleich von Exerzitien und Zen stoßen, ist die, ob nicht auch die Ignatianischen Exerzitien ein Weg zur mystischen Erfahrung im christlichen Bereich sein könnten, ähnlich wie das Zen ein Weg zur Erleuchtung ist. Man könnte noch weiter gehen und fragen, ob sie es nicht in unserer Zeit sein sollten. Das würde nicht besagen, daß das für jeden, der die Exerzitien macht, etwa gar von Anfang an so sein müßte. Es würde für Menschen gelten, die eine gewisse Stufe im geistlichen Leben erreicht haben. Tatsache ist, daß manche, die die Exerzitien mit großem Eifer gemacht haben, wie z. B. der heilige Franz Xaver, der diese Übungen als Student in Paris unter der Leitung von Ignatius selbst gemacht hat, diesen Durchbruch vollzogen haben. Ohne daß Ignatius etwas davon andeutet, zieht sich durch die ganzen Exerzitien sozusagen im Unterbewußtsein wie ein roter Faden die Stufenfolge zur mystischen Vereinigung. Es würde sich lohnen, diesen Gedanken durchzudenken, was natürlich im Rahmen unserer Arbeit nicht möglich ist. Aber soviel läßt sich doch wohl mit Sicherheit sagen, daß man vom Zen wertvolle Anregungen dazu bekommen könnte.

Bisher haben wir bei der Frage nach gegenseitigen Ergänzungen vorwiegend solche im Auge gehabt, durch die die Exerzitien vom Zen her ergänzt werden könnten. Aber das ist nur eine Seite. Es müßte auch gefragt werden: Können die Exerzitien dem Zen neue Anregungen geben? Wohl bemerkt, die Frage ist jetzt nicht, ob Buddhismus und Christentum sich gegenseitig bereichern können. Mit dieser Frage beschäftigt sich der Dialog unter den Religionen. Es ist kein Zweifel, daß der echte Dialog mit einer anderen Religion immer fruchtbar ist. Hier geht es um den Weg des Zen, wie wir ihn beschrieben haben, und die Exerzitien. An einigen Stellen haben wir schon auf solche Möglichkeiten hingewiesen. Aber es ist schwierig, zu dieser Frage allgemein Stellung zu nehmen. Der Grund ist folgender: Während man vom Christentum her aus verschiedenen Gründen – wir verzichten darauf, sie aufzuzählen – für das Zen interessiert ist, sind die Ignatianischen Exerzitien in japanischen Zenkreisen meist nicht einmal dem Namen nach bekannt. Infolgedessen können die Zenfachleute, speziell die Zenmeister, zu dieser Frage gar nicht Stellung nehmen. Daher kann die Frage nur einseitig und deswegen auch nur mit Vorbehalt von uns beantwortet werden. Mit dieser Einschränkung also sind die folgenden Ausführungen zu verstehen.

Das Zen ist heute in Japan, abgesehen von Leuten, die beruflich damit zu tun haben, weniger gefragt als in Europa und Amerika. Eine Tatsache, die auch den Zenmeistern nicht unbekannt ist. In manchen Ländern bestehen schon Zen-Zentren, die von buddhistischen Zenmönchen geleitet werden. Bedeutende Meister gehen heute in diese Länder, um Zenkurse zu halten. Manche von ihnen sind sogar der Meinung, das Zen gehe von Japan zum Westen und werde gewandelt später nach Japan zurückkehren. Darin liegt doch wohl das Eingeständnis, daß das Zen einer Anpassung an die gegenwärtige Zeit bedarf, die es in Japan nur schwer oder gar nicht vollziehen kann. Das aber gibt uns die Berechtigung, in dieser Hinsicht einige Vermutungen auszusprechen bzw. Vorschläge zu machen.

Da ist z. B. der harte, gebieterische Ton, der in den Zenhallen herrscht. Der Japaner nimmt das heute noch an, da er es vom Zen her gewohnt ist. Er nimmt es aber schon nicht mehr in irgendeinem Bereich der menschlichen Gesellschaft an. Die jungen Menschen vor allem sind da nicht sehr verschieden von der Jugend des Westens. Ein anderes Problem ist der Tagesrhythmus in den Zenkursen, der so gänzlich verschieden ist von dem, was der moderne Mensch gewohnt ist. Ein japanischer Student studiert heute bis morgens ein oder zwei Uhr. Im Sesshin steht er eine Stunde später, um drei Uhr, auf. Diese Gewohnheiten waren in einer früheren Zeit durchaus richtig und sind auch in sich nicht zu verurteilen. Das Zazen bald nach Mitternacht hat einen eigenen Wert. Die Abhärtung war und ist etwas Gutes auch heute noch. Aber man muß auch in Rechnung ziehen, daß der Mensch in der Großstadt, man denke nur an Tokyo, 24 Stunden in einer vergifteten Atmosphäre leben muß. Der Körper ist beständig überfordert. Dazu kommen alle die anderen nervenzerrüttenden Umstände, denen niemand ausweichen kann. Auch strenge Exerzitien stellen hohe Anforderungen, aber in anderer Weise. Die in sich strengen Regeln, die Ignatius gibt, sind elastisch und lassen sich auf die Person einstellen, ohne Gefahr, daß dem Exerzitanten die erstrebte Frucht der Übungen verlorengeht. Es wäre allerdings auch falsch, zu meinen, daß die Schmerzen, die ein Anfänger im Zen zu ertragen hat, in sich nutzlos seien und nur unter einer anderen Rücksicht sinnvoll seien, etwa in dem Sinne, daß der Lotussitz nun eben der beste für diesen Zweck ist. Tatsache ist, daß selbst Anfänger im Augenblick eines fast unterträglichen Schmerzes erstaunliche Erlebnisse haben. Andererseits ist die Kost während der Zenkurse, obwohl für einen verwöhnten Europäer schmal bemessen, gerade für ihn in der heutigen Zeit sehr zu empfehlen. Die Reformhäuser in Europa sind nicht ohne Grund so viel gesucht. Kurz: alles, was im japanischen Zen an Strengheiten vorhanden ist, hat in sich einen hohen Wert. Das soll noch einmal klar ausgesprochen werden. Das große Problem im Falle einer Neuausrichtung auf den modernen Menschen besteht darin, die Umstellung so zu vollziehen, daß nichts Wesentliches vom Zen verlorengeht. Das ist auch wohl der Grund, daß die Zenklöster so hartnäckig an den Strengheiten festhalten, obwohl auch sie wissen, daß die Menschen nicht mehr so robust sind wie zu jener Zeit, als die Gewohnheiten eingeführt wurden. Sie fürchten eben, daß – wenn man es einmal so ausdrücken darf – ein Sprung in die Glocke kommt. Und das darf auf keinen Fall geschehen.

Aber wenn trotz dieser Gefahr eine Umstellung auf die neue Zeit in Angriff genommen werden sollte, so könnten vielleicht die Exerzitien mit ihrer Elastizität manche gute Anregung geben. Es muß freilich zugegeben werden, daß die Erleichterungen, die man im Laufe der Zeit den Exerzitanten gegeben hat – Verkürzung der Meditationen und anderes –, nicht immer glücklich waren, wie das schon vorher bemerkt wurde. So sollte man es mit dem Zen nicht machen. Da wäre ein stures Festhalten am Alten das geringere Übel.

Nun ein anderes Gebiet, auf dem Zen vielleicht eine Ergänzung oder wertvolle Anregung von den Exerzitien erhalten könnte. Die Exerzitien beginnen mit einer kurzen und markanten Klarstellung des Zwecks des Menschen, dem Fundament. Im Anschluß daran wird dem Menschen in den Betrachtungen der ersten Woche zum Bewußtsein gebracht, daß er sich zunächst von allem Sündhaften und in diesem Sinne Ungeordneten lossagen muß, wenn er überhaupt sinnvoll ein so hohes Ziel anstreben will, wie es ihm in den Exerzitien vor Augen gestellt wird. Das gilt gewiß auch für jeden, der ein so hohes Ziel erreichen will, wie Zen es anstrebt, die Erleuchtung mit allem, was aus ihr folgt. Der Gedanke liegt nahe, daß eine, nennen wir es: Disponierung für das eigentliche Zen, wo nicht mehr gedacht wird, so doch erwünscht wäre. Viele Menschen versuchen, das hohe Ziel zu erreichen, ohne irgendwelche Voraussetzungen zu besitzen und sie sind enttäuscht, wenn es nicht gelingt. Es gibt in Japan auch Zenmeister, die ihre Schüler zunächst über das Ziel des Menschen nachdenken lassen, und auch über die Notwendigkeit eines sittenreinen Lebens. Erst wenn das klar ist, fängt die eigentliche Zenmeditation an. Andere Meister haben festgestellt, daß katholische Ordensleute besser für die Erleuchtung disponiert sind als andere Menschen, auch wenn sie Buddhisten sind. Wenn Zen irgendetwas in diesem Sinne übernähme, so brauchte das natürlich nicht wörtlich zu sein, wie man es im Exerzitienbüchlein lesen kann. Es sollte vielmehr dem modernen Menschen angepaßt sein.

Es gibt gewiß noch viele andere Anregungen, die das Zen von einer ihm so nahestehenden Methode, wie es die Ignatianischen Exerzitien sind, bekommen könnte. Es dürfte auch wohl kein Zweifel bestehen, daß viele Zenmeister, wenn sie einmal diese Übungen gründlich kennenlernten, manches daraus in ihren Sesshin benützen würden. Ebenso könnte mancher Exerzitienmeister viel vom Zen lernen.

Was Zen angeht, so muß es sich bewußt sein, daß es über kurz oder lang vor eine Krise und damit vor die Wahl gestellt wird, ob es einen Weg findet, sich so an die Zeit anzupassen, daß es in seinem Wesen nicht geschwächt wird, oder es wird allmählich ganz verschwinden. Vor dieses Problem sind die christlichen Orden, auch die kontemplativen, bereits gestellt, und sie stehen noch mitten in dieser Krise. Sie sind sich dessen auch voll bewußt. Die Bemühungen, eine Lösung zu finden, sind im vollen Gange. Es hat sich auch schon gezeigt, daß es gar nicht leicht ist, hier den richtigen Weg zu finden. Die Erfahrungen, die hier bereits gemacht worden sind, könnten auch dem Zen wohl manchen guten Wink geben.

Vielleicht sind die Zen-Fachleute nicht mit allen hier vorgelegten Gedanken einverstanden, und es ist wahr, daß sie selbst am besten beurteilen können, was für das Zen das Richtige ist. Daher sollen diese Hinweise auch nur Anregungen sein, die Situation ernstlich zu prüfen. Gerade weil östliche Meditationsweisen heute für den Westen so wichtig sind, hat auch der westliche Mensch ein großes Interesse daran, daß die großen Wege wie Yoga und Zen weiterleben und womöglich noch mehr als bisher zum Besten der Menschheit beitragen.